QUESTÕES DE CONCURSO

Comentários a questões de concursos
para a Magistratura e
Ministério Público do Trabalho

VOLUME 3

2ª Edição

ANA PAULA ALVARENGA MARTINS
CARLOS EDUARDO OLIVEIRA DIAS

Juízes do Trabalho da 15ª Região

QUESTÕES DE CONCURSO

Comentários a questões de concursos para a Magistratura e Ministério Público do Trabalho

VOLUME 3

2ª Edição

Dados Internacionais de Catalogação na Publicação (CIP)
(Câmara Brasileira do Livro, SP, Brasil)

Martins, Ana Paula Alvarenga
Questões de concurso : comentários a questões de concurso para a magistratura e Ministério Público do Trabalho, volume 3 / Ana Paula Alvarenga Martins, Carlos Eduardo Oliveira Dias — 2. ed. — São Paulo : LTr, 2009.

Bibliografia.
ISBN 978-85-361-1352-4

1. Juízes trabalhistas — Concursos — Exames, questões etc. — Comentários 2. Justiça do trabalho — Brasil 3. Magistratura — Concursos — Exames, questões etc. — Comentários 4. Ministério Público — Concursos — Exames, questões etc. — Comentários I. Dias, Carlos Eduardo Oliveira. II. Título.

09-03743   CDU-347.962:347.963:331(81) (079)

Índices para catálogo sistemático:
1. Concursos : Questões comentadas :
   Magistratura trabalhista : Direito : Brasil
   347.962:347.963:331(81)(079)
2. Concursos : Questões comentadas :
   Ministério Público do Trabalho : Direito :
   Brasil   347.962:347.963:331(81)(079)

© **Todos os direitos reservados**

EDITORA LTDA.
Rua Apa, 165 — CEP 01201-904 — Fone (11) 3826-2788 — Fax (11) 3826-9180
São Paulo, SP — Brasil — www.ltr.com.br

LTr 4015.7   Maio, 2009

ÍNDICE

APRESENTAÇÃO 11

DIREITO DO TRABALHO

1) João Carlos Amareto trabalhou como empregado rural, na Fazenda São José, com a CTPS anotada, de 1.6.73 a 20.11.00, quando, então, foi trabalhar no Armarinho São José — ME, situado em perímetro urbano, que é de propriedade do Sr. Antônio Maria Saião, também proprietário da Fazenda São José. À ocasião, foi feita a baixa na CTPS do reclamante e realizada uma nova anotação, tendo o Armarinho como empregador, onde o trabalhador prestou serviços de 21.11.00 até 15.9.03, quando foi despedido. Ingressou, em 15.10.03, com reclamação trabalhista contra a Fazenda São José e contra o Armarinho São José — ME, pleiteando horas extras realizadas e impagas nos dois empregos. Citadas, apresentaram as Rés suas defesas, tendo a Fazenda São José arguido a prescrição extintiva. Deve ser acolhida a prescrição arguida? 13

2) Por que métodos é possível determinar a norma mais favorável quando há acordo coletivo de trabalho e sentença normativa simultaneamente aplicáveis, no mesmo prazo de vigência, aos empregados de uma empresa, já que ambos os instrumentos normativos contêm condições de trabalho distintas? 15

3) Fale sobre os efeitos da novação contratual na sucessão de empregadores 18

4) É lícita a adoção de turnos ininterruptos de revezamento de oito horas de trabalho? É devido o pagamento de horas extras nesta hipótese? O intervalo para descanso e refeição deve ser concedido? Pode ser diminuído por vontade das partes? Se o trabalho for realizado no período das 22 às 6 horas, são devidos o adicional noturno e a redução da hora noturna? 21

5) Certo empregado pediu a determinada empresa o restabelecimento de salário adicional por transferência de 25%, que recebera durante 7 (sete) meses e foi suprimido. Informa a empresa que houve transferência para outra cidade, onde necessárias as atividades técnicas e especializadas do empregado para a realização de serviços inadiáveis; concluídas tais tarefas, após 7 (sete) meses, o obreiro retornou à origem, onde sempre manteve domicílio e residência. Esclareceu, ainda, que a transferência estava prevista em cláusula contratual, decorreu de necessidade de serviço e durou o tempo suficiente à realização dos serviços inadiáveis e que, enquanto durou, foi pago salário adicional de 25%. Pergunta-se: Poderia o empregador suprimir a vantagem ou estava ela incorporada ao contrato de trabalho?................ 25

DIREITO PROCESSUAL DO TRABALHO

6) O princípio *in dubio pro operario*, bem como o requisito inerente ao depósito prévio recursal exigido no artigo 899 da CLT, compatibilizam-se com o art. 5º, *caput*, inciso LV da Constituição Federal?................. 29

7) Quais as implicações jurídicas decorrentes da supressão do termo "conciliar" da redação do *caput* do artigo 114 da Constituição da República, conferida pela Emenda Constitucional n. 45/2004? Justifique................ 32

8) Professora aposentada adquire imóvel de proprietário pessoa física domiciliada em Campinas/SP, providenciando todas as certidões exigíveis para lavrar a escritura de venda e compra respectiva. Algum tempo depois, o ex-proprietário do imóvel, também empresário na cidade de Paulínia/SP, passou a figurar no polo passivo de reclamação trabalhista, em razão da declaração de despersonalização da pessoa jurídica, que não tinha bens para garantir o Juízo, e o referido imóvel foi penhorado. Como juiz, o candidato declararia fraude à execução? Justifique. Quais os efeitos desta decisão em relação à venda e compra realizada e ao terceiro adquirente?................ 33

9) João foi contratado por um empreiteiro rural, na cidade de Araras, para prestar serviços na colheita de laranjas. Não teve sua carteira de trabalho anotada. Trabalhou por 12 me-

ses, sendo quatro meses para a Fazenda "A", localizada na cidade de Mogi-Mirim; quatro meses para a Fazenda "B", localizada na cidade de Leme; e quatro meses para a Fazenda "C", localizada na cidade de Araras. Ao ser dispensado, imotivadamente, nada recebeu, razão pela qual moveu ação trabalhista em face do empreiteiro, junto à Vara do Trabalho de Araras. Postulou o reconhecimento do vínculo de emprego, o pagamento das horas extras, diferenças salariais e de outras verbas trabalhistas, assim como a condenação subsidiária das Fazendas "A", "B" e "C". Na audiência inicial, todos os réus compareceram, sendo que as Fazendas "A" e "B" arguiram exceção de incompetência em razão do local. Pergunta-se: A) Qual o Juízo competente para conhecer e julgar a demanda proposta? Justifique. B) Na hipótese de revelia do empreiteiro, se as fazendas contestarem os pedidos de horas extras e de diferenças salariais, em razão de suposto pagamento "por fora", poderão produzir provas de suas alegações? Justifique. C) Se o autor tivesse pleiteado o vínculo de emprego em face das fazendas reclamadas, alegando ser o empreiteiro mero agenciador de mão de obra, qual seria o Juízo competente? Justifique 37

DIREITO CIVIL

10) Distinguir entre nulidade absoluta e relativa quanto a seus efeitos, quanto àquele que a pode arguir, quanto à possibilidade de ratificação, quanto à prescritibilidade 41

11) Como se compatibilizam os princípios da prevalência da vontade real dos celebrantes dos negócios jurídicos com o princípio da invalidade da reserva mental? 43

DIREITO CONSTITUCIONAL

12) Aplica-se o art. 41 da Constituição Federal ao servidor público celetista? E aos empregados das empresas públicas e sociedades de economia mista? 45

DIREITO ADMINISTRATIVO

13) Contratos administrativos clássicos: a) Distinguir contratos de obras, contratos de serviços e contratos de concessão. b) Geram responsabilidade subsidiária para o contratante nos casos de inadimplência/insolvência de verbas trabalhistas por parte do efetivo empregador? 51

DIREITO PROCESSUAL CIVIL

14) Revelia: a) Revelia em face da confissão real e ficta. b) Consequências processuais para o autor, para o réu, para o litisconsorte passivo. c) Ante direitos indisponíveis e ante a necessidade de prova técnica 54

15) Diante da redação do § 7º, do art. 273, do CPC, comente, de forma fundamentada, a seguinte expressão: "*A fungibilidade entre a tutela antecipatória e a tutela cautelar é uma via de mão dupla*" 57

APRESENTAÇÃO

Há alguns anos temos prestado auxílio a candidatos em Concursos Públicos para a Magistratura e para o Ministério Público do Trabalho, seja em aulas realizadas em cursos preparatórios, seja em orientações pessoais ou realizadas em grupos de estudos. Nessa atividade, invariavelmente, nossos orientandos nos solicitam que comentemos questões de provas dissertativas já realizadas, tanto para que possam identificar similitudes com suas próprias respostas, como também para subsidiar novos estudos. Esses comentários são sempre feitos tendo como foco aquilo que imaginamos que deveria ser abordado pelo candidato na resposta, o que resulta em um estudo amplo e o mais completo possível de cada instituto abordado na prova. O comentário feito, pois, revela um paradigma importante para se compreender os diversos temas exigidos em cada prova.

Com isso, já analisamos mais de uma centena de questões, de concursos realizados desde 1998, e a utilidade que vimos no resultado desse trabalho nos estimulou a organizá-las de forma a permitir sua publicação em pequenos opúsculos, como o que ora apresentamos.

Assim, nossa proposta neste trabalho é o de oferecer, em diversos volumes, uma seleção das questões que entendemos mais importantes e interessantes, dentre todas as que até o momento avaliamos e comentamos. Para tanto, procuramos identificar naquelas questões que já possuímos as que tenham maior repercussão no universo dos candidatos em concurso. Como esse trabalho foi sendo desenvolvido no curso dos anos, optamos por questões que ainda denotam relevância, deixando de lado aquelas que, por razões das mais diversas, deixaram de ter tanto interesse, ou ainda as que foram descontextualizadas por mudanças legislativas ou de orientações predominantes na jurisprudência. De outra parte, a despeito de encontrarmos questões interdisciplinares, ou seja, que abordam mais de uma disciplina em seu bojo, optamos pela fidelidade à classificação usada na própria prova, pela respectiva Comissão Organizadora.

Revelamos, outrossim, que cada problema apresentado exige uma perspectiva crítica, e sobre vários temas reconhecemos que há um tanto de subjetivismo imanente na resposta — mesmo porque apontamos, conforme o caso, nosso posicionamento pessoal a seu respeito. No entanto, focando os objetivos que buscamos nas respostas, sempre apontamos uma perspectiva ampla, envolvendo inclusive os entendimentos predominantes e consolidados, para tornar o mais completa possível a resposta ao candidato.

Pela própria dinâmica do trabalho, preferimos apresentar apenas algumas questões em cada volume, o que nos permite manter o trabalho em constante atualização, pois cada concurso realizado possibilita o acréscimo de novos temas a serem comentados.

Por outro lado, consideramos o universo das disciplinas exigidas nas provas dissertativas dos concursos, de modo que sempre apresentamos algumas questões de cada uma delas, divididas de forma temática.

Conforme já exposto, nossa expectativa é de que esses opúsculos possam servir de fonte de estudos, especialmente para os que estão prestando ou pretendem prestar concursos para carreiras jurídicas trabalhistas, mas também podem ser usados por todos os que quiserem se defrontar com temas relevantes, polêmicos e palpitantes.

Os autores.

DIREITO DO TRABALHO

1) João Carlos Amareto trabalhou como empregado rural, na Fazenda São José, com a CTPS anotada, de 1.6.73 a 20.11.00, quando, então, foi trabalhar no Armarinho São José — ME, situado em perímetro urbano, que é de propriedade do Sr. Antônio Maria Saião, também proprietário da Fazenda São José. À ocasião, foi feita a baixa na CTPS do reclamante e realizada uma nova anotação, tendo o Armarinho como empregador, onde o trabalhador prestou serviços de 21.11.00 até 15.9.03, quando foi despedido. Ingressou, em 15.10.03, com reclamação trabalhista contra a Fazenda São José e contra o Armarinho São José — ME, pleiteando horas extras realizadas e impagas nos dois empregos. Citadas, apresentaram as Rés suas defesas, tendo a Fazenda São José arguido a prescrição extintiva. Deve ser acolhida a prescrição arguida?

Do que se abstrai da exposição do problema, o reclamante em questão teve dois contratos de trabalho distintos, ainda que sem solução de continuidade entre ambos, tendo trabalhado para empregadores pertencentes ao mesmo grupo econômico. Na realidade, o empregador no primeiro contrato seria o Sr. Antônio Maria Saião, pessoa natural (eis que uma fazenda não tem personalidade jurídica) e ele seria proprietário da microempresa, como está registrado no enunciado da questão. Assim, ainda que de modo não tradicional, resta evidente que se trata de grupo econômico, para os fins que almeja o § 2º do art. 2º da CLT.

No entanto, pelo que se apura da questão, não existe pedido de reconhecimento de contrato único e nem mesmo assertiva, por parte do reclamante, de que teria havido fraude na dispensa e na nova contratação. Do contrário, pelo que restou exposto, ele efetivamente deixou de trabalhar para a fazenda (ou seja, para o Sr. Antônio), deixando inclusive de ser enquadrado como trabalhador rural, e passou a laborar em uma atividade comercial, tipicamente urbana.

Sendo assim, a despeito das ponderações já feitas, não se pode deixar de considerar que existiram dois contratos autônomos e independentes. Com isso, se o ajuizamento ocorreu depois de dois anos da extinção do pacto com a fazenda (ou melhor, com a pessoa natural que dela é proprietária), resta evidente a *incidência da prescrição total*. Por isso, deve ser acolhida a prescrição alegada pelo proprietário da fazenda, julgando-se extinto o processo, com resolução do mérito (art. 269, IV, do CPC) com relação ao contrato celebrado com o Sr. Antônio (pessoa natural).[1]

Seria distinta a situação, caso o problema apresentasse alguma das variáveis acima indicadas. Poderia o reclamante, invocando o já citado § 2º do art. 2º da CLT, ter postulado o reconhecimento da existência de solidariedade entre ambos os empregadores, eis que nítido o fato de estarem sob o mesmo comando diretivo — repita-se, o empregador rural era proprietário da pessoa jurídica urbana. Com isso, poderia postular o reconhecimento do contrato único, tese que teria real possibilidade de ser albergada por aqueles que adotam a *teoria da solidariedade ativa* para o Direito do Trabalho, reconhecendo a existência de um único empregador quando presente a figura do grupo econômico. Segundo essa diretriz, a disciplina do § 2º do art. 2º da CLT não se limita à fixação da responsabilidade entre os membros integrantes do grupo (solidariedade passiva) mas também representa que o próprio grupo seria o *empregador real*, configurando-se cada um de seus integrantes como mero *empregador aparente* (solidariedade ativa). Logo, no caso em exame, a situação ensejaria a ocorrência de um só contrato de trabalho e não de dois, como o problema apresenta.

Demais disso, o reclamante também poderia ter invocado outra linha argumentativa: a de que a duplicidade contratual foi meramente artificial e fraudulenta, visando justamente à mitigação de alguns de seus direitos — a própria delimitação temporal, para fins de prescrição bienal, representaria a perda do direito de ação de todo seu contrato de trabalho para o trabalhador rural, antes da Emenda Constitucional n. 28/2000. Se esse fosse o argumento, mais uma vez teríamos a possibilidade do reconhecimento do contrato único, nos termos do art. 9º da CLT.

---

(1) Nessa hipótese, a despeito da modificação operada pela Lei n. 11.232/05, é correto afirmar-se que haverá extinção do processo, porquanto não haveria prosseguimento do mesmo para fins de cumprimento da sentença.

Com ambos os fundamentos, se o reclamante tivesse postulado o reconhecimento do contrato único, o resultado a ser apresentado para a indagação seria diverso. Afinal, para situações como essa, o prazo prescricional bienal flui a partir da extinção do último contrato, como aponta o constante na Súmula n. 156, do TST.[2] Dessa forma, se assim fosse formulada a postulação do autor, a prejudicial de prescrição total mereceria rejeição.

2) Por que métodos é possível determinar a norma mais favorável quando há acordo coletivo de trabalho e sentença normativa simultaneamente aplicáveis, no mesmo prazo de vigência, aos empregados de uma empresa, já que ambos os instrumentos normativos contêm condições de trabalho distintas?

No Direito Comum, os textos normativos se classificam segundo uma hierarquia vertical, rígida e inflexível, verificando-se o fundamento de validade e eficácia de uma norma em outra norma que lhe é superior. Assim, quando ocorrem disciplinas antagônicas a partir de normas distintas, temos situações típicas de conflitos normativos, cuja resolução possui alguns critérios muito específicos, também de cunho normativo: a) a norma superior prevalece sobre a inferior; b) as normas especiais prevalecem sobre as genéricas; c) norma posterior prevalece sobre norma anterior.

No Direito do Trabalho não é esse o critério preponderante. *A priori*, sequer é possível falar em hierarquia de diplomas normativos trabalhistas (assim considerada a lei em sentido material), sendo mais apropriado referirmos a *hierarquia de normas jurídicas* (heterônomas ou autônomas, segundo a forma de sua elaboração e inserção no mundo jurídico). O caráter teleológico do Direito do Trabalho — que busca restaurar, ao menos hipoteticamente, a igualdade entre os sujeitos da relação de emprego, objetivando a melhoria das condições socioeconômicas dos trabalhadores — faz com que prevaleça na pirâmide hierárquica a norma mais favorável a esses mesmos trabalhadores. Assim, a norma que disciplinar uma dada relação de modo mais benéfico ao empregado prevalecerá sobre as demais,

---

(2) Súmula n. 156 — "PRESCRIÇÃO. PRAZO (mantida) — Res. 121/2003, DJ 19, 20 e 21.11.03 — Da extinção do último contrato começa a fluir o prazo prescricional do direito de ação em que se objetiva a soma de períodos descontínuos de trabalho (ex-Prejulgado n. 31)."

sem derrogação permanente, mas com o seu mero preterimento na situação concreta enfocada. Dito de outro modo, existindo pluralidade de normas, com vigências simultâneas e aplicáveis à mesma situação jurídica, deve-se optar por aquela que for mais favorável ao trabalhador, independentemente de sua posição hierárquica. Dessa maneira, um dispositivo previsto no regulamento empresarial pode prevalecer sobre a diretriz da Constituição Federal, caso seja mais benéfico ao trabalhador.

Observamos que o princípio da norma mais favorável é, na realidade, um princípio de atuação jurisdicional, e não princípio sistemático, vez que ele se destina ao aplicador do direito e não ao jurista. Tanto assim que os conflitos entre normas justrabalhistas somente são solucionados, à luz desse princípio, na sua aplicação aos casos concretos, não resolvendo definitivamente a contraposição normativa.

Contudo, na doutrina há um certo dissenso sobre o critério para determinação da norma mais favorável para fins de conflitos entre as chamadas *normas coletivas de trabalho*. Com efeito, há os que afirmam que, no confronto entre normas previstas em acordo coletivo e em convenção coletiva, devem sempre prevalecer as do *acordo*, eis que se trata de *regra normativa específica* de certos trabalhadores de uma determinada empregadora, o que faz presumir uma negociação mais consentânea com a realidade própria dos destinatários da norma, em face da generalidade da norma advinda da convenção coletiva de trabalho. Isso decorreria da chamada *teoria da especificidade do instrumento normativo*, que poderia se equiparar ao critério normativo *lex specialis derogat legi general,* usado para solução de conflitos, e que tem seu fundamento jurídico no princípio da igualdade, em seu sentido substancial[3], e que inclusive consta do § 2º do art. 2º da Lei de Introdução ao Código Civil. Nesse enfoque, o elemento principiológico é irrelevante, predominando sempre o texto da regra mais específica, ainda que não seja propriamente o mais favorável, uma vez que representa a valorização da negociação coletiva no âmbito local.

No entanto, essa interpretação é contrária ao texto do art. 620, da CLT, que expressamente assinala a predominância das disposi-

---

(3) Ou seja, agir com igualdade é tratar igualmente aos iguais e desigualmente aos desiguais, na proporção da sua desigualdade.

ções da convenção coletiva quando estas forem mais favoráveis do que o acordo coletivo. Vê-se que o texto legal privilegiou o princípio da norma mais favorável, fazendo nele incidir o critério de aplicabilidade preponderante, no caso de conflito entre essas normas autônomas. De outra parte, quando o conflito resulta de norma autônoma (acordo ou convenção coletiva) e norma heterônoma (sentença normativa) existe uma certa tendência a se reconhecer a prevalência do instituto autônomo, como preceito de valorização da negociação coletiva, cujo reconhecimento tem tônus constitucional. Mas, para tal situação, justamente aquela postulada na questão, não existe critério legal de prevalência, evidenciando-se uma lacuna, que permite a incidência analógica do art. 620, da CLT, pelo comando do art. 8º, do mesmo texto consolidado.

Logo, podemos dizer que a diretriz normativa — direta ou analógica — para solução de conflitos entre normas coletivas de trabalho aponta para aplicação da norma que for mais favorável ao trabalhador. Mas o problema está no fato de que a CLT não especificou como se deve analisar essa concretização de favorabilidade ao trabalhador.

Para tanto, a doutrina indica dois métodos distintos de determinação da norma aplicável à situação concreta, seguindo o preceito da norma mais favorável. O primeiro método é conhecido como *teoria da acumulação ou atomística*, e propõe o *fracionamento* dos diplomas normativos, extraindo-se as normas, preceitos e institutos singulares de cada um, e que se revelem mais favoráveis ao trabalhador, aplicando-os à situação concreta. O diploma normativo não é considerado em seu conjunto, mas extraem-se dispositivos de cada instrumento, mediante um processo de seleção, análise e classificação das normas analisadas, em sentido comparativo, aplicando-se aqueles mais favoráveis aos trabalhadores.

Por outro lado, os defensores da *teoria do conglobamento*, propõem que o método de determinação da norma mais favorável reside na comparação das normas jurídicas em seu conjunto, verificando, assim, qual delas se revela mais favorável ao trabalhador, o que resulta na exclusão total da aplicação da que é considerada menos favorável, em bloco. Por essa teoria, os institutos jurídicos são analisados em conjunto, não se admitindo a aplicação de regras de uma e outra fonte normativa sobre a mesma matéria.

A principal crítica que se faz ao uso da teoria da acumulação é a de que ela representaria uma grave ofensa à ideia da existência de um sistema jurídico, pois o resultado da aplicação do Direito seria sempre um mosaico interpretativo, formado pela junção de parte de cada uma das normas aplicáveis ao caso. O resultado disso é o nítido prejuízo aos mecanismos de aplicação do direito, e a supressão do caráter universal e democrático da Ciência Jurídica, pois esta é feita para regular condutas genéricas, e o procedimento adotado singulariza a fórmula jurídica a ser aplicada conforme o caso concreto, permitindo resultados casuísticos e assistemáticos.

Com isso, vemos predominar a teoria do conglobamento como método mais coerente para assegurar a verificação da chamada norma mais favorável, porque permite a preservação do sistema jurídico. Note-se que a Lei n. 7.064/82, que trata da situação de trabalhadores brasileiros contratados ou transferidos para prestação de serviços no exterior, determinou, em seu art. 3º, III, "a aplicação da legislação brasileira de proteção ao trabalho, naquilo que não for incompatível com o disposto nesta Lei, quando mais favorável do que a legislação territorial, no conjunto de normas e em relação a cada matéria". O legislador adotou, de forma expressa, a teoria do conglobamento.

Vemos, assim, como inevitável que seja ela também adotada para definição de qual seria a norma mais favorável — e, portanto, a ser aplicada aos trabalhadores da categoria envolvida: no caso da indagação, deve-se analisar ambas as normas, e obter-se aquela que, em seu conjunto, é mais favorável aos trabalhadores, o que resultará na sua prevalência para fins de aplicação.

3) Fale sobre os efeitos da novação contratual na sucessão de empregadores.

A novação contratual figura como uma das hipóteses de extinção das obrigações, admitindo o Direito pátrio a alteração da própria prestação obrigacional — novação objetiva —, e ainda, a substituição de um dos titulares, credor ou devedor, da relação jurídica obrigacional original — novação subjetiva —, fazendo incidir a regra da transmissibilidade plena das obrigações. Em ambos os casos, uma nova relação jurídica obrigacional surge em substituição à obrigação primitiva, que se extingue.

Ao Direito do Trabalho interessa apenas a novação subjetiva operada em relação à figura jurídica do empregador, costumeiramente nominada de *sucessão de empregadores*, não se admitindo a novação subjetiva quanto à pessoa do empregado, em virtude da natureza personalíssima da prestação assumida por este, como, a propósito, é da essência da formação do contrato de emprego. Ademais, este ramo jurídico específico atribui consequências distintas daquelas que o Direito Civil faz incidir à hipótese de novação subjetiva, mantendo-se, por exemplo, íntegras as obrigações originais do contrato de trabalho e, em determinadas situações, também a responsabilidade do obrigado original — no caso, o sucedido. Não há necessariamente, portanto, a substituição da obrigação primitiva e sua consequente extinção.

Enfatize-se que, como registramos, a pessoalidade é elemento que incide apenas sobre a figura do empregado, pois no tocante ao empregador prevalece aspecto oposto, ou seja, o da sua *despersonalização*. Em consequência, na relação empregatícia pode ocorrer a constante alteração subjetiva do contrato — desde que no polo empresarial — mantendo-se em vigor as regras contratuais anteriores com relação ao mesmo empregado. É o que se prevê, a propósito, nos arts. 10 e 448 da CLT, que tratam da chamada *sucessão trabalhista*. Assim, a sucessão de empregadores não afeta os contratos de trabalho assumidos originalmente pelo sucedido, e nem os direitos adquiridos dos trabalhadores são afetados, porquanto permanecem íntegros, a despeito da novação subjetiva operada.

Contudo, a ocorrência da sucessão gera discussões sobre a *responsabilidade patrimonial* do sucessor e do sucedido. Com relação ao primeiro, doutrina e jurisprudência são unânimes em determinar a sua responsabilização por todos os débitos trabalhistas, inclusive aqueles anteriores à sucessão. Expressiva parcela da doutrina vem inclusive reconhecendo a responsabilidade do sucessor pelos débitos trabalhistas passados, originários de contratos extintos antes de operada a sucessão, independentemente da ocorrência de fraude à lei ou simulação. A única exceção reconhecida pela jurisprudência decorre das hipóteses de *sucessões operadas com a transferência de concessões públicas com trepasse não definitivo de bens*.

Quanto à responsabilidade do sucedido, a questão revela-se mais polêmica. Enquanto no Direito Civil a novação é meio de extinção de obrigações em relação àquele devedor que se retirou, no Direito do Trabalho a doutrina é dissonante quanto à permanência de responsabilidade do sucedido. Parte da doutrina entende que, como regra geral, na sucessão trabalhista não se preserva qualquer responsabilidade do sucedido, solidária ou subsidiária, pelos créditos trabalhistas relativos ao período anterior à transferência, revelando-se plenos os efeitos da figura sucessória: o sucessor assume, na integralidade, o papel de empregador, respondendo por todo contrato de trabalho do empregado, em virtude do caráter persecutório da responsabilidade, em face daquele que detém os meios de produção.

De outro lado, parte da doutrina afirma que de acordo com os arts. 10 e 448 da CLT, ficam assegurados todos os "direitos adquiridos" dos empregados quando ocorrer "qualquer alteração na estrutura jurídica das empresas", dentre os quais o direito de crédito contra o antigo empregador (sucedido), e também, o mesmo direito contra o sucessor, por força de lei. As empresas sucedidas e sucessoras passariam, a partir do trespasse, à posição de devedores solidários ou subsidiários nos débitos constituídos até então, ressaltando-se que somente a segunda seria responsável pelas dívidas contraídas após a sucessão.

Essa solidariedade ou subsidiariedade resultaria de imposição legal, pois ao se estabelecer que a mudança da propriedade ou na estrutura jurídica da empresa não afeta os contratos de trabalho dos respectivos empregados (art. 448, CLT), quer a lei consignar que o sucessor deve assumir todas as obrigações decorrentes dos vínculos empregatícios mantidos até então, não significando isso a isenção do sucedido pelos débitos já constituídos. O sucedido continuaria responsável pela satisfação dos débitos constituídos até a data da sucessão, já que a transferência obrigacional não surte efeito em relação ao empregado, enquanto que a empresa sucessora, com o trespasse, assumiria também a posição de devedora das verbas devidas até então (arts. 10 e 448, da CLT). Justifica-se tal posicionamento pelo argumento de que a assunção de débito não surte efeito em relação ao credor quando realizada sem o seu consentimento, ainda mais em se tratando de crédito de natureza trabalhista, imantado de indisponibilidade absoluta por parte do empregado.

A dissonância de posicionamento quanto ao tema resta evidente nas Orientações Jurisprudenciais n. 225 e 261 da SDI I do TST:

> OJ 225. Contrato de concessão de serviço público. Responsabilidade trabalhista. Celebrado contrato de concessão de serviço público

em que uma empresa (primeira concessionária) outorga a outra (segunda concessionária), no todo ou em parte, mediante arrendamento, ou qualquer outra forma contratual, a título transitório, bens de sua propriedade:

I — em caso de rescisão do contrato de trabalho após a entrada em vigor da concessão, a segunda concessionária, na condição de sucessora, responde pelos direitos decorrentes do contrato de trabalho, sem prejuízo da responsabilidade subsidiária da primeira concessionária pelos débitos trabalhistas contraídos até a concessão;

II — no tocante ao contrato extinto antes da vigência da concessão, a responsabilidade pelos direitos dos trabalhadores será exclusiva da antecessora. (nova redação, DJ 20.4.05)

OJ n. 261 — Bancos. Sucessão Trabalhista. As obrigações trabalhistas, inclusive as contraídas à época em que os empregados trabalhavam para o banco sucedido, são de responsabilidade do sucessor, uma vez que a este foram transferidos os ativos, as agências, os direitos e deveres contratuais, caracterizando típica sucessão trabalhista. (27.9.02)

De tais manifestações consolidadas na jurisprudência do TST, conclui-se que o trespasse de patrimônio — determinante da sucessão de empregadores — resulta em consequências distintas, se ele se dá de forma definitiva ou transitória, tanto em relação à manutenção da responsabilidade do sucedido, quanto em relação à responsabilização do sucessor.

4) É lícita a adoção de turnos ininterruptos de revezamento de oito horas de trabalho? É devido o pagamento de horas extras nesta hipótese? O intervalo para descanso e refeição deve ser concedido? Pode ser diminuído por vontade das partes? Se o trabalho for realizado no período das 22 às 6 horas, são devidos o adicional noturno e a redução da hora noturna?

São várias as indagações feitas nesta questão, todas elas relacionadas com os ditames que regem a duração do trabalho. As três primeiras referem-se aos turnos ininterruptos de revezamento, disciplinados no inciso XIV do art. 7º da Constituição da República, que determina uma jornada de seis horas para os trabalhadores que neles se ativam. Durante muito tempo debateu-se o exato alcance dessa expressão, até o que o Tribunal Superior do Trabalho, em sua Súmula n. 361, estatuiu que a configuração dos turnos ininterruptos de revezamento ocorreria quando houvesse trabalho em turnos sucessivos, com atividade empresarial contínua, nas vinte e quatro horas do dia, e com alternância de lotação para os trabalhadores. Com isso, restou afastada a tese segundo a qual tal inclusão somente beneficiaria os que trabalhassem sem intervalos intrajornadas ou descansos semanais. O mesmo entendimento foi pronunciado de forma reiterada pelo Supremo Tribunal Federal, a quem compete a última interpretação constitucional, de maneira que o assunto assim restou consolidado.

No entanto, o mesmo inciso XIV do art. 7º, da Constituição permite que haja negociação coletiva flexibilizando esse direito, sendo que, por acordo ou convenção coletiva, os sindicatos de trabalhadores e empregadores, ou ainda os representantes sindicais destes, podem ajustar outras condições de labor diversas daquelas constantes daquele texto constitucional. Assim, tem-se admitido que o direito à jornada de seis horas pode ser eliminado, passando os trabalhadores a atuar em turnos de oito horas, o que torna positiva a resposta à primeira indagação. Porém, a validade desse turno de oito horas condiciona-se à existência de um acordo ou convenção coletiva, respeitados os pressupostos formais de sua validade, inscritos na CLT. É esse o sentido da Súmula n. 423, do TST:

> Súmula n. 423 — TURNO ININTERRUPTO DE REVEZAMENTO. FIXAÇÃO DE JORNADA DE TRABALHO MEDIANTE NEGOCIAÇÃO COLETIVA. VALIDADE. (conversão da Orientação Jurisprudencial n. 169 da SBDI-1)
>
> 139/06 — DJ 10, 11 e 13.10.2006). Estabelecida jornada superior a seis horas e limitada a oito horas por meio regular negociação coletiva, os empregados submetidos a turnos ininterruptos revezamento não tem direito ao pagamento da 7ª e 8ª horas como extras.

Por outro lado, embora isso não seja tratado no texto constitucional nem ressalvado na Súmula, é conclusão intuitiva que tal pacto coletivo deve conter alguma *compensação* em favor dos trabalhadores. Existem, de fato, alguns empregadores que celebram "acordos" com o sindicato de empregados, meramente eliminando o turno de seis horas e inserindo o de oito, sem qualquer contrapartida, o que obviamente invalida o procedimento. Não se deve supor que a exigibilidade da negociação coletiva é meramente formal, mas sim decorre da possibilidade de transação desse direito constitucional, que pode ser substituído por qualquer outra forma compensatória, seja aumento de dias de descanso, ou mesmo pagamento de um adicional remuneratório. Com isso, afirmamos que, se o acordo ou convenção coletiva que autorizar o trabalho em turnos de oito horas não contiver nenhuma contrapartida aos trabalhadores, será ele nulo de pleno direito, demonstrando-se ilícita a jornada de oito horas exigida, que permite futura reparação, em reclamação trabalhista, mediante pedido de pagamento de horas extras.

Respondendo à segunda indagação, manifestamos que, se o turno de oito horas foi instituído a partir de acordo ou convenção coletiva formal e materialmente válidos — conforme critérios supra-expostos —, não são devidas horas extras, pois a função do pacto coletivo, no caso, é de eliminar o direito à jornada especial. Pode até ser que o acordo ou convenção estipulem o pagamento, como horas extras, das excedentes de seis diárias, mas para isso não haveria necessidade de qualquer acordo coletivo, mesmo porque a CLT já admite que sejam exigidas até duas horas extras por dia, mediante acordo prévio e individual (acordo de prorrogação de jornada).

Independentemente da jornada praticada — de oito ou seis horas — o intervalo de refeição é sempre devido, pois como dissemos, restou consagrada a tese de que a existência do intervalo não descaracteriza o turno ininterrupto. Portanto, aplica-se ao caso o disposto no art. 71, da CLT, ou seja, se o turno for de até seis horas, é exigível o intervalo de 15min; se superior a seis horas, o intervalo deve ser de, no mínimo, 1 hora por dia. A não concessão de qualquer desses intervalos faz incidir a regra do § 4º do art. 71, da CLT, observando-se a disposição da Orientação Jurisprudencial n. 307, da SDI — I, do TST.[4]

A questão relacionada à redução do intervalo de refeição também encontra divergência ressonante na jurisprudência. O § 3º do art. 71 da CLT, consagra que a concessão de intervalos menores do que aqueles previstos no *caput* do artigo só pode ser feita mediante autorização do Ministério do Trabalho. Todavia, tem sido comum encontrarmos intervalos reduzidos por força de acordo ou convenção coletiva, e o foco do problema está em sabermos sobre a licitude desse procedimento, valendo destacar que, por óbvio, é ilícita a

---

(4) "Após a edição da Lei n. 8.923/94, a não-concessão total ou parcial do intervalo intrajornada mínimo, para repouso e alimentação, implica o pagamento total do período correspondente, com acréscimo de, no mínimo, 50% sobre o valor da remuneração da hora normal de trabalho (art. 71 da CLT)."

redução unilateral pelo empregador ou com anuência individual do empregado. O TST, em sua OJ n. 342, da SDI-I, pontificou que não é possível reduzir-se esse intervalo por meio negocial, haja vista a reserva legal conferida pela CLT para que tal ato seja praticado pelo Ministério do Trabalho, e porque o intervalo constitui medida de higiene, saúde e segurança do trabalho, garantido por norma de ordem pública. E há nisso um fundamento teleológico muito consistente. Afinal, como decorre do próprio § 3º, já citado, um dos pressupostos para que o intervalo seja reduzido é a existência de local próprio para refeições no estabelecimento do empregador e a observância de condições de higiene, dentre outras, nas refeições ali servidas, permitindo-se que a alimentação seja tomada no próprio local de trabalho. Sendo assim, a mera vontade das partes não pode substituir esse ato que tem cunho fiscalizatório, de maneira que consideramos, como o TST, ilegal a redução de intervalo fundada apenas em acordo ou convenção coletiva.

O art. 73 da CLT estatui que o trabalho noturno deve ser remunerado com adicional de, pelo menos, 20% sobre o valor da hora normal — montante este que, para o trabalhador rural, é de 25%. No mesmo dispositivo, em seu § 1º, consta que a hora noturna é computada como sendo de 52min30s, ou seja, ficticiamente, a cada 52,50 minutos, tem-se computada uma hora. Assim, das 22h00 às 5h00, horário que a CLT considera como sendo noturno, temos o fluxo de sete horas "comuns", mas que, ficticiamente, pelo critério assinalado, correspondem a oito horas de trabalho. O problema suscita o fato de haver trabalho das 22h00 às 6h00, e indaga se seriam devidos o adicional noturno e a redução da hora noturna nesses casos. Embora não haja expressa correlação com o trabalho em turnos ininterruptos de revezamento, vale assinalar que isso não elimina nenhum dos direitos supraenfocados. E a questão que remanesce, de fato, é saber-se sobre a pertinência da redução e do adicional para o trabalho realizado após as 5h00, eis que até esse horário, indubitavelmente, são devidos.

O tema ganha relevância porque, como está exposto no enunciado da questão, o trabalho após as 5h00 ocorreu em prorrogação do trabalho noturno, ou seja, temos aí um trabalhador que realiza sua jornada normal em horário noturno, e que fez horas extras, prorrogando o labor noturno regular. Assim, temos que avaliar se isso justifica a manutenção dos critérios especiais do trabalho noturno para um horário que não é mais noturno. Obviamente que, aplicando-se de forma literal o art. 73 da CLT, isso levaria a uma resposta negativa, pois o texto legal é peremptório. Mas a função do operador jurídico é de interpretar a norma, e nesse caso, a interpretação leva a uma conclusão diversa. Com efeito, se o trabalhador atuou das 22h00 às 5h00, com fundamento no art. 73 da CLT, laborou oito horas e recebeu o valor de cada hora laborada com acréscimo de 20%. Se ele continuou a laborar após as 5h00, pensamos que ainda permanecem os pressupostos que justificam o tratamento especial, e com mais razão ainda. Afinal, o trabalho em prorrogação já se pressupõe desgastante, e mais ainda se isso ocorre logo a seguir a uma jornada noturna.

Por isso, reputamos correto que, para as horas laboradas em prorrogação ao horário noturno, sejam aplicadas as mesmas regras do art. 73, da CLT, ou seja, deve-se continuar a computar como uma hora trabalhada o decurso de 52min30s e sobre essas horas deve incidir o adicional noturno, sem prejuízo do adicional de horas extras que for cabível (OJ n. 97, da SDI-I do TST). Esse é o mesmo entendimento do TST, em sua Súmula 60, item II, resultado da conversão da OJ n. 06 da SDI-I. No entanto, o TST somente admite, na Súmula, a incidência do adicional noturno (o que não afasta o argumento usado quanto à redução da hora noturna, pois isto apenas não está reconhecido na súmula) e ainda, somente se a jornada for integralmente cumprida em horário noturno.

5) Certo empregado pediu a determinada empresa o restabelecimento de salário adicional por transferência de 25%, que recebera durante 7 (sete) meses e foi suprimido. Informa a empresa que houve transferência para outra cidade, onde necessárias as atividades técnicas e especializadas do empregado para a realização de serviços inadiáveis; concluídas tais tarefas, após 7 (sete) meses, o obreiro retornou à origem, onde sempre manteve domicílio e residência. Esclareceu, ainda, que a transferência estava prevista em cláusula contratual, decorreu de necessidade de serviço e durou o tempo suficiente à realização dos serviços inadiáveis e que, enquanto durou, foi pago salário adicional de 25%. Pergunta-se: Poderia o empregador suprimir a vantagem ou estava ela incorporada ao contrato de trabalho?

A transferência do empregado do local de trabalho originariamente pactuado está inserida no tema "Alterações do contrato de trabalho", e é regulada por um único dispositivo consolidado: o art. 469, da CLT. Note-se que, em que pese a regra geral do art. 468, que trata da impossibilidade de alteração contratual em prejuízo do empregado, a disciplina do art. 469 é um tanto mais flexível, admitindo a validade da transferência, mesmo sendo esta prejudicial ao trabalhador, quando há concordância deste, o que não ocorre na hipótese genérica de inalterabilidade.

Pela diretriz da CLT, há alguns critérios fundamentais de definição da transferência. Por primeiro, considera-se transferência a modificação do local de prestação de serviços, em relação àquele que fora pactuado originariamente, mas, para fins jurídicos, somente se considera transferência aquela que, necessariamente, resultar na necessidade de mudança de domicílio do empregado. Cabe notar que a melhor doutrina estabelece que a expressão "domicílio" aqui utilizada é imprópria, pois o sentido da norma seria o de indicar a necessidade de mudança da *residência* do empregado, dada a distinção conceitual que existe entre as duas figuras no Direito Civil.

Por outro lado, ainda disciplinadas no art. 469 da CLT, há duas modalidades de transferência: a provisória e a definitiva. A primeira revela a modificação temporária do local de trabalho do empregado, ou seja, apenas por um determinado lapso temporal, sendo certo que a segunda indica a modificação feita com ânimo de definitividade. Nesse sentido, cabe também ressaltar que a classificação de cada uma das modalidades de transferência não tem a ver com a duração em que ela é realizada, mas sim com o ânimo do empregador; dessa forma, a transferência provisória pode ser projetada por longo tempo, e a definitiva pode ser curta. O que vai dimensionar uma ou outra figura é o intento do empregador ao transferir o empregado: será provisória a transferência se resultar desse ato do empregador o intento de que o trabalhador retorne ao seu posto de origem, ao término de seu período no novo local. No entanto, será definitiva se evidenciado que não há previsão ou expectativa de retorno do empregado ao seu local de origem.

Dito isso, cumpre assinalar que o art. 469 da CLT estipula a vedação genérica de transferência definitiva do empregado, lançando, como regra geral, a imodificabilidade de seu local de trabalho — observado, logicamente, o conceito legal de transferência que foi citado anteriormente. Todavia, a regra geral comporta algumas exceções, disciplinadas nos §§ 1º e 2º do mesmo art. 469.

Assim, é tida como lícita a transferência definitiva em três hipóteses. A primeira se dá em casos de extinção do estabelecimento em que trabalhava o empregado, como dispõe o § 2º do artigo citado, circunstância que somente não se aplica aos trabalhadores detentores de estabilidade, nos termos do art. 498, da CLT. As demais hipóteses estão reguladas no § 1º do art. 469, da CLT, e são, respectivamente, a situação do empregado detentor de cargo de confiança e daqueles empregados que tenham cláusula contratual, implícita ou explícita, que consignem a possibilidade de transferência, quando esta decorra de real necessidade de serviço. Cumpre pontuar que, no caso desta última hipótese, os requisitos são cumulativos, de maneira que a legitimação da transferência pressupõe não somente a previsão contratual, mas ainda a demonstração da necessidade de serviço, sendo tida como abusiva a transferência realizada sem que esse último pressuposto seja respeitado (Súmula n. 43 do TST).

Por outro turno, o § 3º do art. 469 da CLT regula a chamada transferência provisória. Ao contrário da definitiva, esta é, por regra, sempre possível, dada a sua transitoriedade natural, mas desde que decorra da necessidade de serviço. No entanto, o texto consolidado estipula que a transferência provisória impõe a existência de um adicional remuneratório de, no mínimo, 25% dos salários do empregado, enquanto perdurar a situação de transferência.

Como se observa, a transferência provisória pode atingir qualquer empregado, não sendo necessária, para sua ocorrência, a existência das figuras dos §§ 1º e 2º do art. 469. Ali, como dito, estão albergadas as exceções à intransferibilidade definitiva, mas para a transferência provisória não há qualquer outro pressuposto, salvo a necessidade de serviço demonstrada.

Em sentido contrário, os trabalhadores inseridos no § 1º do art. 469 da CLT (no caso do § 2º, pela sua natureza, não cabe cogitar em transferência provisória), se transferidos provisoriamente, têm o direito ao adicional indicado, pois a ressalva legal que possuem apenas legitima a transferência definitiva, como já dissemos: se foi provisória a transferência, é a eles devido o adicional em questão, enquanto durar a situação. Nesse sentido, a Orientação Jurisprudencial n. 113, da SBDI-I, do TST.

Passando-se ao caso concreto, tem-se que é irrelevante a assertiva do empregador de que a transferência estava prevista em contrato, pois ainda que não estivesse seria lícita, por ser provisória.

E essa provisoriedade não se discute, pois do enunciado do problema já se identifica que o empregado laborou sete meses na localidade para a qual foi transferido e retornou, em seguida, ao local original. Destaque-se que, embora haja menção, na narrativa do empregador, a respeito da manutenção do domicílio e residência do empregado em sua cidade original, igualmente não se discute, no caso, se houve transferência em seu conceito legal — pois o empregador pagou, no período de sete meses, o adicional de 25%.

O foco central do problema, portanto, está no fato de ter sido suprimido o adicional quando o empregado retornou ao seu local de origem, o que por ele é tido como irregular. No entanto, não está com a razão. Afinal, o chamado adicional de transferência é um título remuneratório que se classifica, dentre tantas figuras de contraprestação ao trabalhador, como parcela compensatória por um dano ocasionado pelo trabalho. No caso, o dano seria a prestação provisória de labor em local diverso daquele contratado e determinante da mudança de residência. Dessa forma, o adicional em foco não é retribuição pelo trabalho, mas sim compensação financeira pelo trabalho em condições adversas.

Tal natureza faz com que esse adicional somente seja devido enquanto durar a condição adversa do contrato de trabalho, como, aliás, expressamente afirma o § 3º do art. 469 da CLT, em sua parte final. É a mesma característica dos demais adicionais remuneratórios, como os de insalubridade e periculosidade e o adicional noturno — a propósito deste, há a Súmula n. 265, do TST, que considera legal a supressão do adicional noturno, quando o empregado é transferido do horário noturno para o diurno.

Portanto, no caso em exame, a supressão feita pelo empregador foi lícita, pois a parcela em foco não se incorporaria aos salários do empregado, justamente por não ser forma de retribuição pelo trabalho. No entanto, a questão permite outra conclusão, em sentido diverso: uma vez que o empregador assinalou não ter havido a transferência do empregado, em seu sentido técnico-jurídico (com necessidade de mudança de residência), o adicional pago poderia ser interpretado como parcela de cunho remuneratório, eis que a motivação substancial da sua existência como adicional não existiria. Se assim for entendido, o pagamento tem a natureza de salário em sentido estrito, e bem por isso, tem-se como ilícita a supressão realizada pelo empregador.

DIREITO PROCESSUAL DO TRABALHO

6) O princípio *in dubio pro operario*, bem como o requisito inerente ao depósito prévio recursal exigido no art. 899 da CLT, compatibilizam-se com o art. 5º, *caput*, inciso LV, da Constituição Federal?

A questão traz duas indagações em uma só, que resultam da mesma situação: a prevalência ou não do ditame constitucional de igualdade entre as partes. No entanto, a dissecação do problema aponta dois enfoques totalmente distintos. Por primeiro — e ao que parece, de forma proposital e inteligente — houve aqui uma tentativa inadequada de compatibilização de dois preceitos que versam sobre temas absolutamente diversos. Com efeito, o princípio *in dubio pro operario*, ao contrário do que pensam alguns, não é princípio de Direito Processual, e muito menos técnica procedimental a ser utilizada no curso de um conflito processual para exame probatório. Trata-se, na realidade, de *princípio de interpretação do Direito Material do Trabalho*, segundo o qual, em havendo dúvidas sobre como deve ser interpretada certa regra de Direito do Trabalho, a interpretação predominante deve ser aquela mais consentânea com os interesses do empregado.

Em análise isolada, pode parecer que o princípio analisado atenta contra o princípio genérico de igualdade (aqui falamos de igualdade em sentido lato, não igualdade processual), mas nunca é demasiado avaliar que o próprio princípio da igualdade se aperfeiçoa quando são respeitadas as desigualdades naturais entre as pessoas (conceito substancial de igualdade). E não poderia ser diferente, em se tratando de Direito do Trabalho. Afinal, a gênese desse ramo do Direito está diretamente relacionada com a necessidade de proteção estatal ao trabalhador, dada a sua condição de presumida opressão econômica. Logo, o Direito do Trabalho nasceu precisamente para proteger o trabalhador, de maneira que é um pressuposto lógico de suas regras que elas têm essa finalidade. Dessa forma, nada mais natural que, se o intérprete tiver dificuldades para aferir o verdadeiro significado de uma regra de Direito do Trabalho, deve sempre optar pela interpretação que for mais favorável ao trabalhador, pois a ideia fundamental do Direito que resultou naquela norma é justamente a de proteger o trabalhador.

Com isso, nota-se, de plano, que o princípio da igualdade processual nada tem a ver com o princípio *in dubio pro operario*, pelo simples fato de que não é lícito ao juiz usar tal preceito trabalhista no exame de provas ou fatos, mas apenas no plano da interpretação das normas materiais. A igualdade processual não é quebrada, pois a interpretação que favorece o trabalhador se dá no plano do direito material, do qual o juiz é operador, mas não ocorre no âmbito do processo, que funciona como instrumento da jurisdição. Dessa forma, quanto à primeira parte do problema, afirmamos não haver incompatibilidade entre os princípios examinados.

Já no que diz respeito à segunda parte, de fato a controvérsia é mais incidente. Realmente, o art. 899, § 1º, da CLT, prevê que, em caso de recurso, a parte recorrente deve efetuar o depósito da importância da condenação, limitada ao montante fixado periodicamente pelo Tribunal Superior do Trabalho (Lei n. 8.177/91), como forma de garantia da futura execução, tendo sido consolidado o entendimento de que isso só é exigível se houver condenação em pecúnia (Súmula n. 161, do TST). Tal disposição, no entender de alguns, feriria o princípio da igualdade processual, porque somente implica em obrigação ao empregador. Trata-se, porém, de leitura equivocada. Com efeito, há muito se firmou a interpretação de que depósito recursal não é uma "taxa de recurso", mas sim um pressuposto objetivo para a interposição recursal, e que, por isso, não ofende o princípio constitucional da ampla defesa. Por esse mesmo enfoque, não se pode falar que ofende o princípio da igualdade processual, dada a sua condição de pressuposto legal para a interposição de recursos.

No entanto, também por outro argumento podemos afirmar que não há qualquer incompatibilidade entre a regra constitucional e o constante no art. 899, da CLT. Afinal, a exigência do depósito recursal é feita não somente ao empregador, mas para qualquer das partes, no processo do trabalho, que tenha sofrido condenação em pecúnia. Se, por exemplo, o empregador mover uma ação trabalhista em face do empregado, postulando dele a condenação no ressarcimento de prejuízos causados no decorrer do contrato, e vier a ser o empregado condenado em tal ressarcimento, torna-se pressuposto de seu eventual recurso a realização do depósito recursal, nos moldes do § 1º do art. 899, da CLT. Logo, ao contrário do que parece, a regra em questão não é de exclusiva aplicação ao empregador, mas sim àquele que tiver contra si condenação em pecúnia, no âmbito do processo do trabalho.

Certo é que a redação dos §§ 4º e 5º do art. 899 pode levar a essa falsa impressão, pois determina que o depósito seja feito na conta vinculada do empregado ao FGTS. Todavia, as regras jurídicas devem ser interpretadas em seu contexto, e não apenas pelo seu teor redacional. É sabido que o texto original da CLT contém inúmeras imperfeições, e se considerada a época de sua redação, observa-se que era absolutamente natural que o legislador imaginasse que, como regra, o empregador é quem seria condenado no processo do trabalho. Mas o fato de ser essa a regra não significa que só pode ocorrer com o empregador — como demonstrado, uma interpretação do instituto, em seu caráter teleológico, leva a conclusão bem distinta. Trata-se de situação similar à da revelia — como a maioria das ações são movidas pelo empregado em face do empregador, tem-se a falsa impressão de que a revelia somente atinge o empregador, mas isso não é verdadeiro: é revel o reclamado que deixa de comparecer à audiência, seja ele empregado ou empregador (pois será reclamado o trabalhador que tiver contra si movida reclamação trabalhista por seu empregador).

Em amparo dessa assertiva, invocamos o disposto na Instrução Normativa n. 27, do Tribunal Superior do Trabalho que procurou disciplinar o procedimento a ser seguido nas ações propostas na Justiça do Trabalho em face da ampliação da competência prevista na Emenda Constitucional n. 45/2004. Referida instrução aponta que, para fins recursais, são aplicáveis as mesmas regras constantes da CLT, inclusive em se tratando do depósito recursal, ainda que a ação não envolva relação empregatícia. Ora, com isso, temos que a disciplina do depósito recursal, segundo recomenda o TST, atinge a qualquer litigante no processo do trabalho, mesmo aqueles que estão ali pela extensão da competência, ainda que não sejam empregados ou empregadores. Isso somente reforça o entendimento que ora defendemos, ou seja, de que o depósito recursal é um pressuposto processual que deve ser observado por qualquer litigante, seja autor ou réu, seja empregado ou empregador, ou qualquer outra condição que possua, quando este pretender interpor recurso, no processo do trabalho, em face de decisão que lhe impôs condenação pecuniária. Por tais fundamentos, neste caso também entendemos não haver qualquer incompatibilidade desse preceito com o princípio da igualdade processual.

7) Quais as implicações jurídicas decorrentes da supressão do termo "conciliar" da redação do *caput* do art. 114 da Constituição da República, conferida pela Emenda Constitucional n. 45/2004? Justifique.

A questão é de Direito Constitucional, mas envolve a interpretação do dispositivo da Constituição da República que disciplina a competência material da Justiça do Trabalho, e que foi substancialmente modificado em 8.12.04, por ocasião da Emenda Constitucional n. 45. Além da inclusão de novos temas sob a jurisdição trabalhista, além da consolidação de outros, que já vinham sendo admitidos pela jurisprudência, notamos uma mudança redacional no *caput* do art. 114 do Texto, que suprimiu, ao referir-se às atribuições da Justiça do Trabalho, a expressão "conciliar", que vinha historicamente associada ao Judiciário Trabalhista.

Em uma leitura preliminar, poder-se-ia afirmar que, com isso, retirou-se da competência trabalhista um elemento que lhe assegurava grande tipicidade, que seria o de compor amigavelmente os conflitos, na esteira da extinção da representação classista — que tinha como uma de suas principais funções a de auxiliar na conciliação — que gerou, inclusive, a mudança da denominação do órgão de primeiro grau, que anteriormente fazia referência à função conciliatória. E, nessa mesma linha, a retirada dessa estipulação na Constituição tornaria as propostas conciliatórias, antes obrigatórias no processo do trabalho, uma mera faculdade do juiz, não implicando em nulidade do processo caso inexistentes, ao contrário do que antes ocorria.

No entanto, não é assim que entendemos. Sob o ponto de vista lógico-formal, tivemos uma alteração redacional no texto constitucional, que cuidou de dimensionar a competência trabalhista sob uma perspectiva objetiva e não mais subjetiva como antes. Temos, ao contrário da redação anterior, que qualificava as ações de competência trabalhista a partir dos sujeitos de uma relação de emprego, um texto que privilegia a tipologia das próprias ações judiciais. Com isso, e até para harmonizar a redação do texto do art. 114 com os demais atribuidores de competência especializada, optou o legislador pela exclusão da expressão "conciliar". Mas não visualizamos nisso o intento de suprimir as atribuições conciliatórias da Justiça do Trabalho, mesmo porque isso seria uma contradição com outros instrumentos legais recentemente criados ou redimensionados, como o instituto da arbitragem, as comissões de conciliação prévia, ou mesmo a possibilidade, inscrita no CPC, do juiz designar audiência para tentativa conciliatória. A tendência do processo, como se nota, está em criar meios alternativos de solução de conflitos, com o que se compatibiliza de forma inquestionável a conciliabilidade no processo do trabalho.

Por outro lado, ainda pensando-se no aspecto lógico-formal, a alteração constitucional não implica na mudança dos ditames constantes da legislação ordinária, salvo se isso estivesse manifesto no texto modificado. A mera supressão da expressão "conciliar" não tem o condão de revogar os arts. 846 e 850 da CLT, nem tampouco o art. 764 do mesmo Diploma. A regra constitucional de eficácia das leis ordinárias estabelece que são mantidas vigentes as normas que não se mostrem incompatíveis com a Constituição, posto serem por ela recepcionadas. E com certeza não vemos nenhuma incompatibilidade do art. 114, ou de qualquer outro da Constituição da República, com aqueles artigos consolidados já referidos. Por isso, temos que a supressão lançada no enunciado da questão não gerou qualquer implicação nas atribuições dos integrantes da Justiça do Trabalho, nem tampouco eliminou a necessidade de serem formuladas propostas conciliatórias no âmbito do processo do trabalho, seja em feitos individuais (arts. 846 e 850, da CLT), seja em dissídios coletivos (arts. 860 e 862, da CLT).

8) **Professora aposentada adquire imóvel de proprietário pessoa física domiciliada em Campinas/SP, providenciando todas as certidões exigíveis para lavrar a escritura de venda e compra respectiva. Algum tempo depois, o ex-proprietário do imóvel, também empresário na cidade de Paulínia/SP, passou a figurar no polo passivo de reclamação trabalhista, em razão da declaração de despersonalização da pessoa jurídica, que não tinha bens para garantir o Juízo, e o referido imóvel foi penhorado. Como juiz, o candidato declararia fraude à execução? Justifique. Quais os efeitos desta decisão em relação à venda e compra realizada e ao terceiro adquirente?**

O problema apresenta uma situação muito comumente verificada nas execuções trabalhistas: penhoram-se bens particulares dos sócios da reclamada, pessoa jurídica, e a isso seguem-se embargos de terceiros invocando a titularidade distinta do bem, geralmente por parte de um terceiro de boa-fé: disso exsurge uma virtual discussão sobre a ocorrência ou não de fraude à execução. Da narrativa, nota-se que a adquirente (professora aposentada, o que confere ao caso um tom mais dramático e sentimental) tomou as razoáveis cautelas ao comprar o imóvel — colheu todas as certidões exigíveis para a aquisição, devendo tê-lo feito perante as instituições públicas da cidade de Campinas, local onde era sediado o bem adquirido.

No entanto, provavelmente desconhecia o fato de que a pessoa natural que vendeu o bem era empresário, e sua empresa sofreu reclamação trabalhista em outra cidade, resultando na penhora do mesmo bem, no foro trabalhista — eventual certidão requerida em seu nome provavelmente nada apresentou, porque a ação foi movida contra a pessoa jurídica. Não se pode afirmar que houve descuramento por parte da adquirente, pois não seria exigível que tivesse conhecimento da condição do vendedor, e se agiu de boa-fé, gera um grande conflito a ser dirimido pelo hipotético juiz.

Mas, apesar dessas ponderações, não nos resta qualquer dúvida de que o juiz deve, no caso, declarar a fraude à execução, desde que, obviamente, preenchidos os seus demais pressupostos legais. Nesse contexto, é oportuno lembrar-se que a fraude à execução é configurada quando o devedor aliena ou onera bens de sua propriedade, pendendo ação fundada em direito real sobre eles, quando já pendente ação passível de torná-lo insolvente (art. 593, do CPC).

Portanto, nota-se que, ao lado dos pressupostos objetivos citados — existência de ação contra o devedor e sua iminente insolvência —, a caracterização da fraude à execução não exige qualquer fator subjetivo, que envolva a boa ou má-fé do adquirente, ao contrário da fraude contra credores, em que esse elemento tem relevância na sua conformação. Por mais injusta que possa parecer a situação em que foi colocada a adquirente, potencializada pela sua qualificação, já destacada, a atitude de típica má-fé foi do vendedor, que possivelmente assim agiu tentando esquivar seu patrimônio pessoal da execução trabalhista contra sua pessoa jurídica. No entanto, no Direito do Trabalho, a desconsideração da personalidade jurídica do empregador é uma regra da mais profunda relevância, e que visa justamente a minimizar os efeitos da ausência de patrimônio do empregador na percepção dos direitos trabalhistas do empregado. Assim, o sócio é naturalmente responsável pelos créditos trabalhistas do empregado, inclusive em seu patrimônio pessoal, de maneira que a alienação deste, nas condições do já citado art. 593, do CPC, configura claramente a fraude à execução.

Por certo que os magistrados do trabalho nutrem natural preocupação com os terceiros que, de boa-fé, são ludibriados pelos empresários que adotam tal conduta, mas a aplicação das diretrizes da responsabilidade trabalhista, aliadas aos mecanismos de proteção ao crédito do exequente não pode ser minimizada, sob pena de serem frustrados os objetivos desses preceitos. Nesse sentido, o Tribunal Superior do Trabalho editou o Provimento n. 01, de 1.3.06, no qual estabelece os procedimentos a serem adotados pelos juízes da execução, sempre que se entender pela desconsideração da personalidade jurídica, chamando os sócios à responsabilidade processual. Em síntese, o que é estabelecido pelo TST é que, quando houver determinação nesse sentido, que os sócios sejam incluídos no polo passivo da reclamação, o que, ainda que tecnicamente seja desnecessário, colabora para a preservação dos terceiros de boa-fé. Em casos tais, se assim for procedido, possivelmente a certidão colhida apontará que o vendedor é parte passiva na reclamação trabalhista e isso dará mais tranquilidade ao comprador. Todavia, nem sempre isso resolve o problema, pois, como vimos, a fraude à execução resta configurada desde o momento em que a ação contra o devedor é ajuizada. E como a responsabilização do sócio pode ocorrer em qualquer momento do processo (o que decorre, inclusive, do cancelamento da Súmula n. 205, do TST), pode acontecer de, ao ser colhida a certidão, ele não ter ainda sido incluído no polo passivo da ação.

Logo, a despeito de toda a cautela adotada, algumas surpresas indesejáveis podem advir na compra de bens imóveis, sendo o vendedor titular de pessoa jurídica que possui passivo trabalhista. Uma das poucas possibilidades que vemos para minimizar esse risco é exigir-se do vendedor apresentação de declarações ao imposto de renda e/ou certidões de Juntas Comerciais, para atestar ou não sua condição empresarial, o que permitiria uma investigação mais detalhada das probabilidades de perda de seu patrimônio.

Ressalvamos, no entanto, que tem se tornado consistente, no âmbito do Superior Tribunal de Justiça, a tese segundo a qual a conformação da fraude à execução resta afastada em caso de comprovação inequívoca da boa-fé por parte do adquirente. Assim, o STJ tem privilegiado a caracterização da má-fé do terceiro como elemento configurador da fraude à execução, de forma similar ao que ocorre com a fraude contra credores. Todavia, não só pela recente posição manifestada pelo TST, no Provimento mencionado

— que instrumentaliza mecanismos de preservação do interesse do adquirente, sem pressupor sua boa-fé — como pelos fundamentos de preservação dos créditos trabalhistas, não vemos como assimilar esse entendimento ao processo do trabalho. Em sede trabalhista, em regra o hipossuficiente é o credor, ao contrário do que normalmente acontece no processo comum, quando a condição de inferioridade econômica recai de forma muito mais intensa sobre o devedor. Portanto, essa inversão de pressupostos lógicos nos afasta da interpretação do STJ.

Registramos que esse nosso entender não muda nem mesmo à luz das introduções da Lei n. 11.382/2006. Essa norma fez inserir no Código de Processo Civil o art. 615-A e seus parágrafos, e esses dispositivos permitem ao credor, no ato da distribuição de uma execução de título extrajudicial, obter certidão comprobatória do ajuizamento, com identificação das partes e valor da causa, para fins de averbação em registro de imóveis, registro de veículos ou registro de outros bens sujeitos à penhora ou arresto. Feito isto, o exequente deve comunicar ao juízo as averbações efetivadas, no prazo de dez dias de sua concretização, sendo certo que, a partir de então, presume-se em fraude à execução a alienação ou oneração desses bens (§ 3º do art. 615-A do CPC).

Uma açodada leitura poderia levar à conclusão de que, para configuração da fraude à execução, passaria a ser imprescindível a averbação da existência da execução em registro oficial de bens do devedor. Mas não é isso que a situação representa. Por primeiro, não houve revogação ou modificação do art. 593 do CPC, pela Lei n. 11.382/2006. Assim, o dispositivo em comento deve ser analisado de forma contextual e sistemática com os demais vigentes. Desse processo hermenêutico decorre que, em se tratando de execução de título extrajudicial, de fato, a possibilidade de averbação da sua existência em registro de determinados bens minimiza a atuação de má-fé por eventual adquirente. Assim, se o credor usa a faculdade do art. 615-A, aquele que adquirir o bem terá contra si a presunção da má-fé, e com a agravante de que, neste caso, nem se deve perquirir a insolvência do devedor.

No entanto, restam outras possibilidades. Por primeiro, os bens móveis, em geral, não são sujeitos a registro oficial, ressalvados veículos ou similares. Assim, para tais bens, o elemento trazido pelo art. 615-A não tem qualquer relevância, prevalecendo tão somente os requisitos do art. 593, do CPC. Em segundo lugar, em se tratando de execução de título judicial, essa providência é desnecessária. Afinal — e pela própria dimensão dada pela Lei n. 11.232/05 para o tema — as providências de satisfação da obrigação cominada em decisão judicial ocorrem nos mesmos autos e no mesmo processo em que ela foi proferida. E como a caracterização da fraude se dá pela mera existência da ação (hoje única, dado o sincretismo procedimental), e não da *execução*, a averbação mencionada não se aplica a essa modalidade de satisfação obrigacional. Para esta, portanto, prevalece o art. 593 e sua interpretação original.

Voltando-se ao caso em exame, portanto, consideramos que a fraude à execução deve ser declarada pelo juiz, mantendo-se a penhora já realizada no imóvel. Observamos, apenas, em complemento, que pela característica dessa fraude, pode ser declarada incidentalmente no próprio processo, ou em autos de embargos de terceiros, se assim for provocada, não sendo necessária ação específica para tal fim — diversamente do que ocorre com a fraude contra credores. E, como decorrência disso, seus efeitos são apenas de ineficácia do negócio jurídico, para fins de alienação do bem, naquele feito, sem ter o condão de tornar inválido o negócio para todos os fins de direito.

9) **João foi contratado por um empreiteiro rural, na cidade de Araras, para prestar serviços na colheita de laranjas. Não teve sua carteira de trabalho anotada. Trabalhou por 12 meses, sendo quatro meses para a Fazenda "A", localizada na cidade de Mogi-Mirim; quatro meses para a Fazenda "B", localizada na cidade de Leme; e quatro meses para a Fazenda "C", localizada na cidade de Araras. Ao ser dispensado, imotivadamente, nada recebeu, razão pela qual moveu ação trabalhista em face do empreiteiro, junto à Vara do Trabalho de Araras. Postulou o reconhecimento do vínculo de emprego, o pagamento das horas extras, diferenças salariais e de outras verbas trabalhistas, assim como a condenação subsidiária das Fazendas "A", "B" e "C". Na audiência inicial, todos os réus compareceram, sendo que as Fazendas "A" e "B" arguiram exceção de incompetência em razão do local. Pergunta-se: A) Qual o Juízo competente para conhecer e julgar a demanda proposta? Justifique. B) Na hipótese de revelia do empreiteiro, se as fazendas contestarem os pedidos de horas extras e de diferenças salariais, em razão de suposto paga-**

mento "por fora", poderão produzir provas de suas alegações? Justifique. C) Se o autor tivesse pleiteado o vínculo de emprego em face das fazendas reclamadas, alegando ser o empreiteiro mero agenciador de mão de obra, qual seria o Juízo competente? Justifique.

A questão apresenta um problema, mais assemelhado com uma sentença, e contém, na realidade, três indagações, todas de cunho processual-trabalhista. A primeira e a terceira delas versam sobre a competência territorial, e por envolverem o mesmo tema, serão analisadas em conjunto. Nesse sentido, tem-se que a regra de competência territorial trabalhista estipula um paradigma genérico, determinando ser competente o Juízo da localidade em que o trabalhador prestou serviços (art. 651, da CLT). No caso em exame, segundo o enunciado do problema, o trabalhador fora contratado na cidade de Araras, e trabalhou, sucessivamente, nas cidades de Mogi-Mirim, Leme, e na cidade da contratação. Embora a CLT não faça ressalvas para situações nas quais o empregado prestou serviços em diversas localidades durante a execução do contrato de trabalho, existem alguns entendimentos doutrinários e jurisprudenciais que estabelecem que, quando isso ocorrer, será competente o Juízo da última localidade em que trabalhou o empregado. Não concordamos com essa assertiva, pois entendemos que *mens legis*, foi assegurar o acesso à Justiça, pelos meios mais adequados de acesso ao Poder Judiciário. Com isso, se houve prestação de serviços em mais de uma localidade, o trabalhador pode ajuizar a ação em qualquer das localidades onde trabalhou, a seu critério.

Por outro lado, o § 3º do art. 651 da CLT estatui que, em se tratando de empregador que realize atividades fora do lugar do contrato de trabalho, fica facultado ao empregado ajuizar a ação tanto no foro da contratação como no da prestação de serviços. No caso em exame, como dito, a contratação foi em Araras, de modo que perfeitamente legítima a escolha feita pelo trabalhador, ao ajuizar a ação na Vara daquela localidade, o que também acabaria ocorrendo se a estipulação da competência ocorresse apenas pelo constante no *caput* do art. 651, como já exposto. Assim, poderia o reclamante ter ajuizado a ação tanto na Vara do Trabalho de Araras, como também em Mogi-Mirim ou Leme, pois qualquer dessas Varas seria competente para apreciação do conflito. Todavia, se acompanhado o entendimento que noticiamos anteriormente, a única Vara competente seria a de Araras, pois a escolha do empregado deveria recair sobre o foro da contratação ou o do último local de trabalho. Em qualquer hipótese, portanto, caberia rejeição à exceção arguida.

No tocante à terceira indagação, não há qualquer mudança de critério ou de solução, se o pedido fosse de reconhecimento de vínculo diretamente com as referidas reclamadas. Afinal, a despeito de quem seria o empregador regular do empregado, para fins de estipulação de competência há de prevalecer o elemento realidade, imanente ao contrato de trabalho. Assim, se foi contratado em Araras, e trabalhou em outras localidades, pelos fundamentos já expostos, a competência seria da Vara de Araras, ainda que postulado o reconhecimento de vínculo com as demais reclamadas. Observe-se que no caso do pedido de reconhecimento de vínculo de emprego com as reclamadas, ainda que se tratassem de distintos contratos de trabalho com cada uma delas, necessária seria a declaração da nulidade do contrato de trabalho firmado com o empreiteiro, que obrigatoriamente deveria constar do polo passivo. Nesse sentido, na hipótese aventada na terceira indagação, a contratação, ainda que fraudulenta, teria ocorrido na cidade de Araras e a prestação de serviços em outras localidades, o que autorizaria, de qualquer maneira, a propositura da demanda naquela localidade.

Com relação à indagação "B", cabe observar que, segundo o enunciado da questão, houve apenas pedido de condenação subsidiária das fazendas reclamadas, razão pela qual alguns entendem que elas somente poderiam arguir sua defesa com fundamento nesse tema, já que os assuntos relativos ao contrato de trabalho são estranhos à sua condição material em face do trabalhador. A maioria entende, todavia, que pelo fato de poder haver condenação reflexa, fundada no mérito da relação de emprego, seria permitido aos demais reclamados que contestassem o mérito da lide, ainda que o pedido, quanto a elas, se limitasse à responsabilidade.

Com tal diretriz, se admitida essa possibilidade, havendo revelia do primeiro reclamado, caso as demais reclamadas contestem quaisquer pedidos com base em matéria fática, não somente podem produzir provas, como também se mantém com o reclamante o ônus probatório daquilo que foi por ele alegado e que se revela como fato constitutivo de seu direito. No caso em exame, especificamente quanto à existência de horas extras e pagamento por fora, ambos são fatos constitutivos do direito do reclamante (arts. 818, da CLT e 333 do CPC), e por isso, se negados pelas demais reclamadas, isso faz com que remanesça para ele o ônus de provar tal ocorrência, sem o que acabará resultando na improcedência dos pedidos.

Dito isso, a indagação remanescente é sobre quais os efeitos da revelia do primeiro reclamado. A propósito, uma vez admitido que as demais reclamadas podem contestar fatos relativos ao contrato do reclamante, isso nulifica os efeitos da revelia, pois os ditos fatos são unitários, ou seja, não podem ser admitidos como verazes em face da primeira e negados em face das demais, por serem os mesmos. Cabe ainda observar, no mesmo sentido, que no caso em exame, como os períodos de trabalho são distintos em cada fazenda, poderia ocorrer de apenas uma ou duas delas contestarem o mérito do contrato de trabalho. Se assim fosse, para estas prevaleceria a situação acima anunciada — ou seja, mantém-se o ônus probatório do reclamante — mas para a que não contestou o mérito do contrato, prevaleceriam os efeitos da revelia do primeiro reclamado, eis que os fatos, entre as fazendas, seriam distintos uns dos outros.

DIREITO CIVIL

10) Distinguir entre nulidade absoluta e relativa quanto a seus efeitos, quanto aquele que a pode arguir, quanto à possibilidade de ratificação, quanto à prescritibilidade.

A validade e a eficácia dos negócios jurídicos dependem da verificação da higidez da manifestação de vontade e de sua submissão às determinações legais. Assim, ante a inobservância dos preceitos legais condicionantes do negócio jurídico teremos a invalidade do mesmo, sendo o grau de ineficácia variável de acordo com a gravidade do defeito verificado, podendo atingir a integridade do ato ou apenas uma parte dele.

As situações ensejadoras da nulidade absoluta são de ordem pública e por isso se distinguem das situações que resultam na nulidade relativa do ato jurídico, as quais visam apenas à proteção de interesses eminentemente privados. Nos termos do art. 166 do CC/2002, é nulo o negócio jurídico que for celebrado com inobservância das prescrições legais, apresentando irregularidade em relação a um ou mais elementos essenciais de formação. Assim, será nulo o negócio jurídico quando praticado por pessoa absolutamente incapaz (elemento subjetivo), quando for ilícito, impossível ou indeterminável o seu objeto (elemento objetivo) ou quando não for observada a forma prescrita em lei ou alguma solenidade que a lei considere essencial à sua validade (elemento formal). Nulo também será o negócio jurídico simulado, nos termos do art. 167 do mesmo Diploma. Por sua vez, anulável será o negócio jurídico celebrado por pessoa relativamente incapaz sem a necessária assistência ou intervenção do curador e ainda, os negócios jurídicos celebrados em razão de erro, dolo, coação, fraude contra credores, lesão ou praticados em estado de perigo.

Em razão da gravidade do defeito que atinge o ato absolutamente nulo, decorrente de situações consideradas de ordem pública, resta inviabilizada a produção de qualquer efeito jurídico. A nulidade absoluta atingirá *todo o ato*, em razão da presença de imperfeições insanáveis, inviabilizando os resultados almejados pelas partes. Nesse sentido, o ato nulo é absolutamente *ineficaz* — incapaz, portanto, de produzir efeitos jurídicos. Já o ato anulável é *imperfeito*, mas o defeito que o atinge não se reveste da mesma gravidade do ato nulo, motivo pelo qual produzirá os efeitos jurídicos almejados até que seja decretada sua invalidade. O negócio jurídico anulável, ao contrário do negócio jurídico nulo, por não envolver situações de ordem pública, mas apenas interesses eminentemente privados, tem eficácia plena e produz os resultados almejados pelas partes, somente podendo ser considerado ineficaz a partir da decretação de sua invalidade.

Pelas mesmas razões, os negócios jurídicos nulos são insuscetíveis de convalidação pela vontade das partes, não admitindo, portanto, ratificação (art. 169 do CC 2002), também, não convalescendo pelo decurso do tempo, e assim, além de insanável, a nulidade é imprescritível. Por sua vez, as situações ensejadoras da nulidade relativa, visando apenas à proteção de interesses privados, admitem a convalidação pela vontade das partes, por meio da ratificação, que decorre da repetição do próprio ato, ou da reiteração da declaração, ou ainda, de qualquer atitude inequívoca de reconhecimento da validade do ato (arts. 172 e 173 do CC 2002). Ademais, o negócio jurídico anulável convalesce pelo decurso do tempo, ao contrário do ato nulo, sendo que os prazos decadenciais da ação anulatória estão fixados nos arts. 178 e 179 do CC 2002. Nesse sentido, o ato anulável se distingue do ato nulo, não apenas em razão dos motivos que resultaram na nulidade e de seus efeitos, mas também quanto à possibilidade de convalidação, seja pela vontade das partes ou pelo decurso do tempo.

Os atos nulos e anuláveis também se distinguem quanto à legitimidade para a arguição da nulidade. Na hipótese de nulidade absoluta, qualquer interessado está legitimado a arguí-la, assim como, o representante do Ministério Público, quando lhe couber intervir no feito, nos termos do art. 168, *caput* do CC 2002. A nulidade absoluta também poderá ser declarada de ofício pelo juiz, quando conhecer do negócio jurídico e a encontrar provada, não podendo supri-la, conforme a norma do parágrafo único do art. 168, do CC 2002. Quanto à nulidade relativa, uma vez que o fundamento para o seu reconhecimento é a mera conveniência das partes, a legitimidade para postular a sua decretação é restrita aos agentes do negócio jurídico ou, em certos casos, às pessoas que lhes sucedem em direitos, por ato *inter vivos* ou *causa mortis*.

Observe-se que a nulidade e a anulabilidade, uma vez declaradas, importam na recusa de efeitos jurídicos da declaração de vontade. Desfaz-se, então, o negócio jurídico, retornando as partes ao estado anterior. Na impossibilidade de restituição da situação jurídica, abre-se a possibilidade da reparação indenizatória ao prejudicado.

Por fim, consigne-se que o Código Civil de 2002 relativizou a regra da invalidade total do ato nulo, adotando o princípio do aproveitamento da declaração de vontade. Nesse caso, a nulidade deixará de ser pronunciada se for possível determinar que o resultado que as partes almejavam pode ser atingido por meio de outro negócio jurídico, que não foi celebrado, mas o teria sido se as partes houvessem previsto a nulidade praticada (art. 170 do CC 2002), como na hipótese de defeito de forma essencial. Observe-se, ainda, que quando a nulidade não atingir a totalidade do ato, invalidar-se-á apenas a parte defeituosa, preservando-se a parte válida e seus resultados (art. 184 do CC 2002).

11) Como se compatibilizam os princípios da prevalência da vontade real dos celebrantes dos negócios jurídicos com o princípio da invalidade da reserva mental?

Os negócios jurídicos são fenômenos volitivos, decorrentes da vontade psíquica do agente. Contudo, é imprescindível que esta vontade se exteriorize por uma declaração, já que embora a vontade interna tenha força jurígena, enquanto encerrada no íntimo do sujeito é inábil a produzir efeitos jurídicos. Nesse sentido, somente a manifestação da vontade conduz à produção dos efeitos almejados pelas partes. O ordenamento legal cogita, portanto, da manifestação de vontade, ou seja, da vontade exteriorizada pelo sujeito. Entretanto, a interpretação dos negócios jurídicos decorrentes da vontade exteriorizada pressupõe a análise das condições em que a vontade foi manifestada, em busca da real vontade. O Código Civil de 2002 adotou o *princípio da prevalência da vontade real dos celebrantes do negócio jurídico*, estabelecendo na norma do art. 112 que, nas declarações de vontade, se atenderá mais à sua intenção do que ao sentido literal da linguagem.

A *reserva mental* ou reticência ocorre quando o agente faz a ressalva de não querer o negócio jurídico que é objeto de sua manifestação de vontade. Na hipótese, o sujeito exterioriza livremente a vontade, sem vícios de consentimento a maculá-la, omitindo, entretanto, sua real intenção, tendo por objetivo enganar o declarante. Nesse caso, o agente está ciente dos resultados jurídicos que a declaração de vontade produzirá, e por esse motivo, ainda que haja feito a reserva mental de não querer o que manifestou, o ato subsistirá, a não ser que o destinatário da manifestação de vontade dela tivesse conhecimento (art. 110 do CC 2002).

A princípio, poderia se supor que há incompatibilidade entre o princípio da prevalência da vontade real e o princípio da reserva mental, porque se admitida a validade do negócio jurídico na hipótese da reserva mental não conhecida, a vontade manifestada prevaleceria sobre a vontade interna oculta pelo sujeito. Entretanto, tal incompatibilidade é apenas aparente, porquanto na ocorrência da reserva mental, como registrado, o agente manifesta sua vontade higidamente, ciente dos resultados que alcançará, não obstante não desejá-los. Assim, apesar de não desejar a celebração do negócio jurídico, o agente concorda e, portanto, sujeita-se, conscientemente, aos resultados que sua manifestação de vontade produzirá.

Temos, no caso, duas vontades: aquela que restou reservada mentalmente e aquela que foi conscientemente manifestada, não obstante não querida, e a cujos resultados o agente concordou em se sujeitar. Essa vontade manifestada não deixa de ser real apenas porque não querida — a consciência do sujeito quanto aos resultados que serão produzidos a torna tão real quanto a vontade reservada e não declarada. Admitir-se a invalidade do negócio jurídico na hipótese de reticência não conhecida pela outra parte, equivaleria a se dar prestígio a um mascaramento consciente do sujeito, situação análoga à simulação, em benefício do simulador. Ademais, a vontade psíquica não externada, como registrado, é inábil a produzir efeitos jurídicos.

Por outro lado, sendo a vontade reservada conhecida da parte contrária, deixa de ser uma vontade oculta, encerrada no íntimo do sujeito, para ser reconhecida como vontade declarada e real. Nesse caso, admite-se a invalidade do negócio jurídico, prevalecendo esta vontade que foi reservada mentalmente.

Em conclusão, os princípios da prevalência da vontade real e da invalidade da reserva mental estão em sintonia, pois feita a reserva mental, a vontade oculta não produzirá efeitos jurídicos, prevalecendo a vontade real manifestada higidamente. Somente admitir-se-á a invalidade do negócio jurídico se aquele a quem foi dirigida tivesse ciência da vontade reservada que, sendo conhecida, considera-se declarada e deve prevalecer como vontade real.

DIREITO CONSTITUCIONAL

12) Aplica-se o art. 41 da Constituição Federal ao servidor público celetista? E aos empregados das empresas públicas e sociedades de economia mista?

Desde a Constituição Federal de 1988, um dos temas sempre presente nas polêmicas dos tribunais é a ocorrência ou não da estabilidade, originariamente prevista no art. 41 da Carta Federal, ao servidor público contratado mediante o regime da CLT, o chamado empregado público. A situação em debate foi agravada pelo texto aprovado pela Emenda Constitucional n. 19, de, de 4.6.98, que determinou a seguinte redação para o mesmo art. 41:

> Art. 41. São estáveis após três anos de efetivo exercício os servidores nomeados para cargo de provimento efetivo em virtude de concurso público.

Em defesa da tese da existência da estabilidade, existe o argumento de que a redação original do art. 41 outorgava esse direito a todo servidor público, e na conceituação regularmente conferida pela doutrina a respeito, em tal conceito enquadram-se tanto os funcionários públicos, vinculados à Administração pelo regime estatutário, como os empregados públicos, atrelados a ela pelo regime da CLT. Opondo-se a tal tese, existem os que defendem a incompatibilidade da estabilidade com o FGTS, garantia que a Constituição Federal também deu aos empregados públicos.

Embora ainda não se pudesse afirmar a prevalência de uma ou de outra tendência, certo é que o Supremo Tribunal Federal chegou a reconhecer essa estabilidade, e em amparo desse entendimento, existe a própria disposição do art. 19 do ADCT que conferiu a estabilidade aos servidores não concursados com mais de cinco anos de serviço efetivo antes da promulgação da Constituição. Nesse caso, poderia haver a aplicação do regime da CLT, com a consequente inserção do FGTS, e simultaneamente a concessão da estabilidade pelo dispositivo provisório invocado.

Porém, na redação hoje vigente, encontra-se determinada a incidência da estabilidade apenas para servidores nomeados para cargos de provimento efetivo, o que poderia levar a uma conclusão no sentido de que a proteção em questão não alcançou os detentores de emprego público, pois há nítida distinção conceitual entre as figuras do emprego público e do cargo público, sendo esta apropriada somente para relações estatutárias com a Administração.

No entanto, essa interpretação resta prejudicada pelo texto da Lei n. 9.962, de 22.2.00 que, diante da modificação feita no art. 39 da CF — o que eliminou a exigência de implantação do Regime Jurídico Único para cada esfera federativa -, regulamentou a contratação de servidores da União pelo *regime de emprego*, regendo-se tal relação pela CLT. No art. 3º da referida lei, consta que o contrato de trabalho de tais servidores, vigente por prazo indeterminado, só pode ser rescindido nas quatro situações ali discriminadas, a saber:

> I — prática de falta grave, dentre as enumeradas no art. 482 da Consolidação das Leis do Trabalho — CLT;
>
> II — acumulação ilegal de cargos, empregos ou funções públicas;
>
> III — necessidade de redução de quadro de pessoal, por excesso de despesa, nos termos da lei complementar a que se refere o art. 169 da Constituição Federal;
>
> IV — insuficiência de desempenho, apurada em procedimento no qual se assegurem pelo menos um recurso hierárquico dotado de efeito suspensivo, que será apreciado em trinta dias, e o prévio conhecimento dos padrões mínimos exigidos para continuidade da relação de emprego, obrigatoriamente estabelecidos de acordo com as peculiaridades das atividades exercidas.

Pela existência de tal determinação expressa, só se pode concluir pela impossibilidade absoluta de desligamento do empregado público sem nenhuma motivação — o equivalente à dispensa sem justa causa — porque a lei em foco disciplina, de forma exaustiva, as hipóteses de desligamento. Logo, tem-se como clara a conclusão de que a nova redação do art. 41 não eliminou a estabilidade para o empregado da Administração Pública Direta, já anteriormente reconhecida, restando essa permissividade, do contrário, expressamente prevista na Lei n. 9.962.

No caso das entidades paraestatais, não há divergência quanto à necessidade de concurso público para a contratação de seus empregados, mas é igualmente inquestionável que a elas aplicam-se as diretrizes da legislação trabalhista, consoante o disposto no art. 173, § 1º, II, da CF, na redação da mesma Emenda n. 19 já citada. Por conta disso, é intuitivo que aplica-se o regime trabalhista aos empregados das paraestatais, ainda que tenham eles que se submeter ao Concurso Público.

A condição citada, portanto, retira-lhes a estabilidade da forma como propugnada pelo art. 41. Ao lado da falta de previsão legal, tem-se que tais entidades, em regra, exercem *atividade econômica* regular, em decorrência da necessidade de intervenção do Estado na economia, que tem se mostrado cada vez mais premente. Com essa intervenção, temos nas paraestatais uma grande fonte de recursos públicos, além de conduta reguladora natural das leis de mercado que acabam prevalecendo quando se tem na concorrência uma sociedade de economia mista ou uma empresa pública.

Ao lado disso, a competitividade exige melhor qualificação da atividade empresarial, situação que quase nunca se coaduna com a existência de uma proteção tão incidente aos trabalhadores dessas empresas, como é o caso da estabilidade. Assim, por vezes, o administrador da pessoa jurídica tem de adotar medidas tipicamente impopulares e sempre criticáveis, como o despedimento imotivado para fins de adequação de sua atividade produtiva. E, dentro do contexto da concorrência que se estabelece entre as empresas privadas e as paraestatais, o reconhecimento da estabilidade para os empregados destas últimas poderia ocasionar graves prejuízos à sociedade, como decorrência da restrição aplicada pelo texto constitucional aos poderes dos administradores de tais entidades.

O Tribunal Superior do Trabalho consolidou seu entendimento neste mesmo sentido, pois já tinha dentre suas Orientações Jurisprudenciais algumas manifestações nesse sentido, as quais foram sistematizadas na Súmula n. 390:

ESTABILIDADE. ART. 41 DA CF/1988. CELETISTA. ADMINISTRAÇÃO DIRETA, AUTÁRQUICA OU FUNDACIONAL. APLICABILIDADE. EMPREGADO DE EMPRESA PÚBLICA E SOCIEDADE DE ECONOMIA MISTA. INAPLICÁVEL (conversão das Orientações Jurisprudenciais ns. 229 e 265 da SBDI-1 e da Orientação Jurisprudencial n. 22 da SBDI-2) — Res. 129/2005, DJ 20, 22 e 25.4.05 I — O servidor público celetista da administração direta, autárquica ou fundacional é beneficiário da estabilidade prevista no art. 41 da CF/1988. (ex-OJs ns. 265 da SBDI-1 — inserida em 27.9.02 — e 22 da SBDI-2 — inserida em 20.9.00) II — Ao empregado de empresa pública ou de sociedade de economia mista, ainda que admitido mediante aprovação em concurso público, não é garantida a estabilidade prevista no art. 41 da CF/1988. (ex-OJ n. 229 da SBDI-1 — inserida em 20.6.01)

Com isso, temos que o entendimento do TST vai no sentido da existência da estabilidade do art. 41 da Constituição aos empregados públicos das entidades da administração direta, autárquica ou fundacional, mas não se aplica aos empregados das entidades paraestatais, exatamente como ora defendemos.

Todavia, devemos acrescentar outro elemento: como todo ato administrativo que é, o ato de dispensa de empregado de entidade paraestatal deve ser motivado, em atendimento ao princípio próprio que vigora no Direito Administrativo, inclusive porque essa motivação vincula o ato, de sorte que ele só pode subsistir se a invocada motivação for realmente verificada. Não se pode admitir, sob pena de ser causada grave ofensa ao dito princípio, que o empregado dessas entidades possa ter seu contrato rompido sem alguma motivação que possa ser considerada uma justificativa jurídica para tanto. Isso se faz necessário, não só para atendimento do preceito retroindicado, mas também para evitar que outros atributos próprios dos serviços na Administração Pública sejam respeitados. Um deles é o princípio da impessoalidade, inscrito no art. 37 da CF. Como foco em seus fundamentos, exige-se constitucionalmente que a contratação do servidor público só possa ser feita mediante concurso de provas e títulos, pressuposto que evitaria ou minimizaria qualquer espécie de conduta protetiva por parte do administrador em prol de uma pessoa ou de um grupo delas na contratação, evitando práticas como a do condenável nepotismo.

Se é certo que essa regra também se aplica aos empregados das paraestatais, que igualmente não podem ser por ela contratados sem concurso público, não pode haver outra conclusão senão a de que deve existir plena motivação para seu desligamento, pois se o contrário fosse admitido, haveria possibilidade de ofensa ao preceito da impessoalidade de forma transversa: mesmo tendo submetido o preenchimento do emprego ao concurso público, o administrador mal-intencionado poderia promover o despedimento imotivado de qualquer dos empregados, mesmo os recém-admitidos, até que fosse possível a contratação daquele que seria de seu interesse.

Ao demais, qualquer dispensa sem justa causa do trabalhador representa ônus para os cofres públicos, como o pagamento da indenização do aviso prévio e dos 40% do FGTS, de maneira que a possibilidade disso ser feito sem motivação representa um temerário atentado ao patrimônio público. Por tais motivos, é de se concluir que, a despeito de não ter o empregado das paraestatais a estabilidade do art. 41 da CF, seu desligamento tem que ser sempre motivado, em atenção aos citados preceitos da Administração Pública.

Como todo ato administrativo, o desligamento do empregado público sempre estará sujeito ao controle jurisdicional. No caso do empregado estável da Administração Direta, o rompimento da relação jurídica poderá ser feito nos casos indicados pela Lei n. 9.962/00 ou consoante os incisos do § 1º do art. 41 da CF. O desrespeito a tais dispositivos, ou diante de qualquer das hipóteses por eles previstas, sujeita o ato à apreciação do Poder Judiciário, se o interessado assim provocar, nos termos do inciso XXXV do art. 5º da CF. Não há que se falar em discricionariedade no caso, vez que as situações de rompimento contratual são expressamente previstas na legislação, de modo que o administrador deve seguir de forma estrita as situações ali elencadas.

O mesmo ocorre com os empregados das paraestatais. Se a conclusão é a de que a motivação é condição imprescindível para o desligamento deles, a falta dessa motivação ou a apresentação de justificativa com a qual o ex-empregado não concorda, sujeita o exame do ato à análise judicial, pelos mesmos fundamentos expostos. Em que pese, no caso ora analisado esteja presente certa discricionariedade — porque não há disciplina legal direta a respeito —, a motivação deve ser comprovada, quando questionada em Juízo, cabendo à paraestatal demonstrar a validade dos fundamentos utilizados, a fim de que não haja um desvirtuamento da regra ora defendida.

Em qualquer das duas situações, verificada a falta de amparo legal para despedida do empregado da Administração Direta, ou a falta de motivação para o despedimento do empregado de paraestatal, ou ainda, afastado o motivo alegado para justificar esse ato, a consequência natural desse reconhecimento judicial é a determinação de reintegração do empregado ao seu emprego. É o que está expresso no § 2º do art. 41 da CF, no caso do servidor da Administração Direta, que consideramos também aplicável ao empregado público. Mas as razões jurídicas dessa consequência autorizam a conclusão de que o mesmo efeito existe para os empregados das entidades paraestatais. Afinal, se é condição de validade do despedimento a motivação, não existindo essa condição ou sendo ela fictícia, as coisas devem ser restituídas à situação anterior, não havendo que se falar em qualquer espécie de indenização porque igualmente representaria uma forma transversa de ofensa aos fundamentos do preceito e ainda acarretaria maior prejuízo ao Erário.

DIREITO ADMINISTRATIVO

13) Contratos administrativos clássicos. a) Distinguir contratos de obras, contratos de serviços e contratos de concessão. b) Geram responsabilidade subsidiária para o contratante nos casos de inadimplência/insolvência de verbas trabalhistas por parte do efetivo empregador?

A expressão *contratos administrativos* designa os ajustes contratuais que a Administração Pública celebra com pessoas naturais ou jurídicas, públicas ou privadas, para a consecução de fins públicos, agindo na qualidade de poder público, com poder de império na relação jurídica contratual. Não obstante tal conceituação adotada amplamente pela doutrina administrativista, a Lei n. 8.666/91 disciplina sob tal denominação não apenas os contratos administrativos clássicos, mas todos os contratos celebrados pela Administração Pública, inclusive aqueles tipicamente privados, apenas com sujeição a algumas normas de ordem pública.

Os contratos administrativos clássicos têm natureza jurídica de contratos de adesão, e se caracterizam pela presença da Administração Pública na qualidade de poder público, pela exigência de finalidade pública quanto ao seu objeto, pela necessária e restrita obediência à forma prescrita em lei. Configuram-se, outrossim, pela observância dos procedimentos legais de contratação, dentre esses, a exigência de prévia licitação pública, e pela presença de cláusulas exorbitantes, que consignam vantagens à Administração ou restrições ao contratado.

Dentre os contratos administrativos clássicos, cujas características acima elencamos, temos os contratos de obras, os contratos de serviços e os contratos de concessão pública que se diferenciam pelo objeto contratual e pelas exigências legais. O *contrato de obra* terá por objeto construção, reforma, fabricação, recuperação ou ampliação de obra pública, contratada por empreitada ou tarefa, dependendo, em regra, de prévia licitação pública, mas independentemente de autorização legislativa, nos termos do art. 6º, I da Lei n. 8.666/91. Nesse tipo contratual a remuneração devida ao contratado é paga diretamente pela Administração Pública.

Por sua vez, o *contrato de serviço* terá por objeto toda atividade destinada a obter determinada utilidade de interesse para a Administração Pública, tais como: demolição, conserto, instalação, montagem, operação, conservação, reparação, adaptação, manutenção, transporte, locação de bens, publicidade, seguro, ou trabalhos técnicos profissionais. Assim, diferentemente do objeto do contrato de obra pública, toda atividade contratada pela Administração e que não se inclua naquele conceito considera-se serviço, uma vez que a definição legal é meramente exemplificativa. Nesse sentido, o objeto do contrato será sempre uma atividade privada de que a Administração necessita, mas que não lhe é conveniente executar diretamente. Referido contrato, tal como o anteriormente analisado, depende de prévia licitação pública, mas independe de autorização legislativa, nos termos do art. 6º, II da Lei n. 8.666/91. Também nessa espécie contratual admite-se a contratação por empreitada ou por tarefa e a remuneração devida será paga diretamente pela Administração, tal como no contrato de obra.

A terceira modalidade de contrato aventada na questão — o *contrato de concessão pública* — tem por objeto obra pública ou serviço público, mas, diferentemente das modalidades contratuais anteriores, nesse ajuste a Administração confere a outrem a execução do serviço ou obra, para que o contratado os explore por sua conta e risco, pelo prazo e nas condições regulamentares e contratuais, sendo remunerado pelo usuário ou beneficiário do serviço ou obra, e não diretamente pela Administração, mediante a cobrança de tarifas ou contribuição de melhoria, estas no caso de obras públicas.

Quanto à temática da responsabilidade da Administração Pública na hipótese de inadimplência ou insolvência de verbas trabalhistas por parte do efetivo empregador, verificam-se soluções distintas quer se trate de contrato de obra, serviço ou concessão.

Primeiro, necessário frisar que a Lei n. 8.666/91, na norma do art. 71, exclui a responsabilidade da Administração Pública em caso de contratações dessa natureza. Contudo, doutrina e jurisprudência têm afastado a aplicação do referido dispositivo para reconhecer, em determinadas hipóteses, a responsabilidade subsidiária da Administração por verbas trabalhistas inadimplidas pelo real empregador, reconhecendo que o processo licitatório afasta a admissibilidade da culpa *in eligendo*, mas permite o reconhecimento da culpa *in vigilando*.

Nesse sentido, os *contratos de serviços* equivalem à *terceirização lícita*, reconhecendo-se, na hipótese, que a Administração Pública atua na qualidade de tomadora dos serviços. Deve, em consequência responder subsidiariamente pelos créditos trabalhistas inadimplidos pelo real empregador, como assinala o Tribunal Superior do Trabalho, em sua Súmula n. 331, IV.

Já no *contrato de obra*, nenhuma responsabilidade tem sido reconhecida pela doutrina e pela jurisprudência majoritárias, pois, no caso, a Administração é considerada *dona da obra*, e nessa qualidade não responde por créditos trabalhistas devidos pelo empreiteiro ou construtor, observando-se a respeito a Orientação Jurisprudencial n. 191 da SBDI-I do TST, com a qual não concordamos, a propósito.

Por fim, nos contratos de *concessão pública*, seja de serviço, seja de obra, também não se reconhece qualquer modalidade de responsabilidade da Administração Pública, porquanto nesses contratos a Administração transfere ao contratado a exploração dos serviços ou obra, não se beneficiando diretamente da prestação laboral. A administração não atua na qualidade de tomadora, sendo os serviços ou obras usufruídos diretamente pelos administrados, estes sim, considerados beneficiários ou usuários dos serviços ou obras prestados.

DIREITO PROCESSUAL CIVIL

14) Revelia. a) Revelia em face da confissão real e ficta. b) Consequências processuais para o autor, para o réu, para o litisconsorte passivo. c) Ante direitos indisponíveis e ante a necessidade de prova técnica.

Revelia é um fato processual que se verifica a partir da abstinência do réu que, citado da existência da demanda, não oferece qualquer resposta. Trata-se de ocorrência natural, que se opera independentemente de declaração judicial, justamente porque é um estado de fato autoimposto pelo réu. Bem por isso que é impróprio falar-se em "aplicação da pena de revelia" ou mesmo em "decretação de revelia" pelo juiz. A revelia simplesmente acontece no momento em que se exaure o prazo próprio para oferta de resposta do réu. Ao juiz cabe constatar sua ocorrência e atribuir os efeitos jurídicos da revelia, mas nunca "decretá-la".

Caracterizada a revelia, seus efeitos estão disciplinados no art. 319 do CPC: restam presumidos verdadeiros os fatos alegados pelo autor, pela falta de sua controvérsia. O autor tem, portanto, a seu favor, a presunção relativa de veracidade de tudo o quanto alegou, em matéria fática, tornando desnecessária qualquer prova de sua parte. No entanto, como essa presunção é relativa, ela não produz efeitos em se tratando das hipóteses do art. 320, do CPC, e pode ser infirmada por documentos pré-existentes no processo. Assim, se o próprio autor junta documentos que afirmam fatos contrários aos por ele narrados, ainda que revel o réu, esses documentos deverão ser considerados no exame probatório, e isso pode revelar a necessidade do autor de fazer prova da ocorrência efetiva dos fatos da inicial, inclusive de que o documento não instrumentaliza sua ocorrência.

Para o réu, além da presunção contra si, a revelia impede a produção de provas infirmativas de seus efeitos. Afinal, não devem ser objeto de prova os fatos incontroversos — e é isso que se dá com os fatos alegados pelo autor em caso de revelia. Mesmo permitindo o CPC que o réu assuma o processo no estado em que se encontra (art. 322), não seria pertinente admitir-se qualquer prova de sua parte, pois fatos não controvertidos não dependem de prova (art. 334, III, do CPC). O máximo que lhe pertine é o acompanhamento do processo, reservando-se-lhe o direito de ser intimado dos atos processuais, para ciência, mas apenas se tiver advogado constituído nos autos (art. 322, do CPC, com redação dada pela Lei n. 11.280/2006).

Para o litisconsorte passivo, a revelia, em tese, não produz efeitos, pois os atos dessa natureza não se transmitem aos colitigantes (art. 320, I, do CPC). No entanto, tratando-se de fatos indivisíveis ou unitários, é impossível não haver comunicação nos efeitos da revelia. Em uma ação de reparação de danos por acidente de veículo, por exemplo, em que são acionados o condutor e o proprietário do veículo, em litisconsórcio, se o primeiro é revel e o segundo apenas contesta alegando a inexistência de responsabilidade, o fato essencial — a culpa do condutor — não foi negado por qualquer dos réus. Portanto, tem-se-lhe como incontroverso e, portanto, presumidamente verdadeiro. Diferente seria o caso se o proprietário, além de negar a responsabilidade, também negasse a culpa do condutor no acidente. Apesar da revelia, a circunstância de haver sido controvertido, por um dos réus, o fato gerador da pretensão, elimina os efeitos da revelia, inclusive para o primeiro réu, mantendo-se com o autor o ônus de provar a culpa dele.

Além da possibilidade de infirmação dos efeitos da revelia — aqui, a propósito, observamos que a revelia, em si, não pode ser infirmada, mas somente seus efeitos — pela prova documental pré-constituída, também não incidem em havendo confissão real do autor. O fato de ser o réu revel não retira do juiz o poder de obter provas visando ao esclarecimento do conflito, mormente o depoimento pessoal do autor, que pode ser instrumento da confissão real. Assim, mesmo diante da ausência do réu, os arts. 130 e 342 do CPC autorizam o magistrado a interrogar o autor, se verificar sua necessidade, e para depuração dos fatos narrados na peça inicial.

Se disso resultar a confissão real — ou seja, a admissão, pelo autor, de fatos contrários aos seus interesses, estes fatos prevalecerão, porque a confissão real sempre se sobrepõe à ficta, fundada somente na presunção relativa.

Já se houver confissão ficta também do autor, a situação é distinta. Imaginemos um caso em que, mesmo com a revelia caracterizada, o juiz determine o comparecimento do autor para depoimento pessoal (art. 342, do CPC). Sua ausência resultará também para ele o ônus da confissão ficta, cujo efeito é a presunção de veracidade dos atos articulados pelo réu. Sendo esse revel, no entanto, não houve qualquer alegação fática, de modo que nada há a ser presumido. No entanto, como já dissemos, a coleta de depoimento pessoal do autor mesmo com a revelia do réu é fundada na necessidade vislumbrada pelo magistrado, de esclarecer ou depurar fatos narrados na inicial, e se encontra inserida dentro de seu poder diretivo e instrutório. Por isso, não temos afirmar que, nessa hipotética situação, o juiz poderá indeferir pedidos relativos a determinados fatos constantes da inicial, pois a ausência do autor para depor teria tornado ineficazes os efeitos da confissão ficta do réu revel — a questão haveria de ser resolvida pela via do ônus probatório, e se o autor nada provou, não se lhe pode acolher o pedido.

Consoante já fora apontado, o art. 320, II, do CPC elimina os efeitos da revelia sobre direitos indisponíveis — observando-se, novamente, que a revelia, em si, ocorrerá, mas sem os efeitos de confissão que normalmente acarreta. Assim, se tivermos um litígio que verse sobre guarda de adolescentes, por exemplo, ainda que o réu seja revel, a convicção do juiz não poderá se fundar em qualquer presunção a ele desfavorável. Seguindo as diretrizes de distribuição do ônus probatório (art. 333, do CPC), caberá ao autor provar os fatos constitutivos de seu alegado direito, para poder obter provimento jurisdicional positivo.

Por outro lado, a lei processual é silente quanto aos efeitos da revelia em se tratando de processo que possui matéria técnica para apreciação. A jurisprudência, todavia, tem firmado o entendimento de que, nesses casos, os efeitos da ausência de defesa não podem incidir sobre a temática que dependa exclusivamente de apuração técnica, justamente porque o pressuposto dessa prova é a impossibilidade de aferição direta pelo magistrado, que depende de análise feita por perito especializado para esse fim. Assim, em um processo em que se postula indenização decorrente da má-execução de uma obra, a simples narrativa do autor pode não ser suficiente para convicção do magistrado, mesmo com a revelia do réu. Nesse caso, é pertinente a nomeação de perito engenheiro, para verificar a ocorrência dos danos e avaliar quantitativamente o montante a ser indenizado, inclusive com os custos de desfazimento e nova construção da obra, se for o caso. Esses aspectos não são naturalmente obtidos pelo magistrado ainda que o réu seja revel, e por isso a prova técnica é essencial.

15) Diante da redação do § 7º, do art. 273, do CPC, comente, de forma fundamentada, a seguinte expressão: *"A fungibilidade entre a tutela antecipatória e a tutela cautelar é uma via de mão dupla".*

O § 7º do art. 273 do CPC, introduzido pela Lei n. 10.444/2002 apresentou uma inovação dentro da temática da antecipação de tutela, vigente desde 1994. Por esse dispositivo, permite-se ao magistrado deferir providência de caráter cautelar, quando esta for requerida pela parte a título de antecipação de tutela. Essa permissividade da norma processual resolveu uma espécie de problema meramente procedimental que, por vezes, acarretava o perecimento de direitos, pelo manejo incorreto ou inadequado de medidas urgentes, em franco descompasso com a almejada busca da efetividade.

É sabida a clássica distinção que se faz entre ações cognitivas e cautelares, às quais se acrescentam, ainda, as ações executivas. Certo é que, desde a vigência da Lei n. 11.232/2005, essa distinção restou parcialmente mitigada, pois a norma apresentou o rompimento com o binômio tradicional "processo de conhecimento x processo de execução", em que se tem a prática dos chamados atos executivos nos próprios autos do "processo de conhecimento", como se fora uma mera fase complementar deste, pois o processo passa a ser considerado como um todo complexo, que não mais se esgota com a mera prolação da sentença, mas, em qualquer hipótese (em se tratando de sentença condenatória) só se exaure com o efetivo cumprimento do comando decisório. A lei em comento dá lugar a um processo misto, sincrético, em que se encontra junto à cognição a efetivação ou a execução do julgado, espécies do gênero "cumprimento da sentença", consoante a nova terminologia legal.

No entanto, ainda resta a diferenciação conceitual para os processos de execução de títulos extrajudiciais, restando também inalterado o processo cautelar, cujo formato remanesceu distinto do anterior processo cognitivo. Posto isso, temos que o processo cautelar é aquele destinado a providências incidentais ou preparatórias, que são instrumentais às pretensões deduzidas em processos cognitivos, estes destinados à formação da convicção relativa ao próprio mérito da causa. Logo, os provimentos cautelares, em regra, não dizem respeito ao mérito da ação principal, mas somente servem de pressuposto para a compreensão plena ou para a efetivação desse mérito. Nesse sentido, a antecipação de tutela, trazida pela Lei n. 8.952/94 veio a solucionar um problema recorrente — o uso de ações cautelares contendo providências cognitivas e definitivas — como, por exemplo, o caso de reintegrações de trabalhadores em ações trabalhistas.

Desde então, a distinção antes explorada ficou mais nítida — as providências cognitivas urgentes deveriam ser requeridas sob a forma de antecipação de tutela, que justamente representa a possibilidade de concessão da pretensão de fundo da parte, em momento bem anterior àquele em que seria naturalmente concedido, pelo fluxo normal do processo, ou seja, na sentença. Já as providências preparatórias ou incidentais, com caráter nitidamente acautelatório, deveriam ser formuladas pela via cautelar, com procedimento próprio e de forma dependente do processo cognitivo (Livro III, do CPC — arts. 796 a 899).

Todavia, essa diferenciação conceitual nem sempre era aferível a olho nu no exame de casos concretos, e por vezes o magistrado se defrontava com situações típicas de requerimentos cautelares, sendo formulados como se fossem uma antecipação de tutela. Por exemplo, em uma ação de reparação de danos, ainda em fase de instrução, o autor descobre que o réu vem dilapidando seu patrimônio, de forma a tornar-se insolvente. A forma correta de buscar a preservação desse patrimônio, para assegurar uma futura execução (ou cumprimento da sentença, na nova nomenclatura), seria o manejo de uma ação cautelar inominada, postulando-se a determinação de indisponibilidade de bens do réu, até decisão definitiva da ação principal.

No entanto, a falta dos pressupostos específicos que permitissem a ação de arresto (art. 813 e seguintes, do CPC), figura nominada de procedimento cautelar, resultava na formulação da referida pretensão como se fosse antecipação de tutela, no bojo da ação ordinária em curso ou quando de sua própria interposição — quando o fato era desde logo conhecido. Isso é conceitualmente impróprio, pois a antecipação só poderia recair sobre a própria tutela perseguida na ação cognitiva — a pretensão exemplificada tem caráter instrumental e autônomo, e não é a tutela buscada na ação principal. Assim, a inadequação procedimental poderia resultar na rejeição da postulação pelo juiz, pela incompatibilidade entre o procedimento utilizado e o provimento requerido, e isso poderia até resultar no perecimento do direito.

As recentes modificações legislativas realizadas no Código de Processo Civil caminham no sentido da deformalização do processo, como mecanismo de assegurar que ele seja instrumento de consagração da efetividade, ou seja, que possa produzir efeitos concretos no mundo real. Assim, o § 7º do art. 273 permite que situações como essa, a par da impropriedade conceitual, possam ser conhecidas pelo magistrados de maneira a se preservar as finalidades essenciais do processo, muito mais relevantes do que a proteção das suas características formais.

Por isso é que a questão faz referência a uma possível fungibilidade instituída no dispositivo em comento — é sabido que o princípio da fungibilidade é aquele que permite o recebimento de um recurso incorretamente interposto como sendo o correto, dentro de determinadas condições. No caso, a lei processual permite ao juiz que receba o pedido de antecipação de tutela como se fosse uma providência cautelar, sempre que verificar que esta é que seria adequada ao caso, como no exemplo que citamos. Assim, ele poderá, se preenchidos os pressupostos de cabimento da medida cautelar postulada, deferí-la de forma incidental ao processo. Temos, assim, uma incomum situação — um processo cognitivo que admite provimento cautelar incidental, sem necessidade de outro processo autônomo.

No entanto, a questão inserida na afirmação transcrita, indaga sobre a possibilidade inversa — daí a expressão "via de mão dupla" —, ou seja, de ser recebida como antecipação de tutela uma providência requerida como medida cautelar. Esse é outro tipo de equívoco ainda comumente observado, decorrente da estrutura processual anterior, que não contemplava a antecipação de tutela. Como já mencionado, antes da Lei n. 8.952/94, à falta de instrumentos próprios, era recorrente o uso da ação cautelar, inclusive com pedido liminar, para situações em que se procurava preservar o próprio mérito da pretensão — ou seja, as chamadas cautelares satisfativas do mérito do conflito, que representavam, na realidade, o uso impróprio da ação cautelar, motivado apenas pela necessidade de decisão imediata.

Embora tenhamos hoje o instrumento típico para essas situações, envolvendo até mesmo obrigações de fazer (art. 461 do CPC), não seria mais apropriada a utilização de ação cautelar contendo preceito de mérito. Porém, ainda vemos com alguma regularidade ações cautelares em que, por exemplo, um servidor público estatutário dispensado por um Município ajuíza ação cautelar visando sua reintegração em caráter liminar. Pelos mesmos preceitos que justificam o recebimento de antecipação de tutela como se fosse o provimento cautelar, se este fosse o correto para o caso, acreditamos que, no exemplo citado, o magistrado pode adequar o procedimento eleito à providência requerida. Fundado na necessidade de efetividade do processo, temos como pertinente que, no caso hipotético, o juiz receba a ação cautelar como se fosse uma ação ordinária e aprecie o pedido liminar como se fosse um requerimento de antecipação de tutela.

Assim, concluímos que a permissividade do § 7º do art. 273 do CPC, é, de fato, "uma via de mão dupla", pois coloca a função pacificadora de conflitos, que é imanente ao processo, como algo mais relevante do que os aspectos formais que o cercam. Portanto, proposta ação cautelar com pedido liminar quando seria cabível ação ordinária, permite-se ao magistrado que receba a ação como se fosse cognitiva, e aprecie o pedido liminar como sendo um requerimento de tutela antecipada, podendo deferí-la, se preenchidos seus pressupostos de direito. Do mesmo modo, são os mesmos fundamentos que autorizam o juiz receber pedido de provimento cautelar indevidamente formulado como se fosse antecipação de tutela.

Produção Gráfica e Editoração Eletrônica: **LINOTEC**
Capa: **ELIANA C. COSTA**
Impressão: **ASSAHI GRÁFICA E EDITORA**